예수 나라 옴니버스 2번

예스 2,

소망의 불씨

임동훈 지음

지금도 우리 삶 속에 살아계시는 하나님의 계시와 영성을 기록한
한 목사의 감동 신앙 간증집

북랩 **book** Lab

글머리에

예수나라 옴니버스 2번 『예스 2, 소망의 불씨』가 천국 여행을 시작한다. 이제부터 주로 영성 이야기가 드러날 것이다. 먼저 출발한 예수나라 옴니버스 1번 『예스 1, 휴먼 드라마』에는 저자의 가족과 자전적 이야기, 비련의 사랑 이야기, 꿈과 환상, 신앙 체험을 통한 영성 이야기 등이 실렸다.

『예스 2, 소망의 불씨』에는 그리스도인으로서 실패와 좌절, 고난을 통한 자전적 에세이, 사탄의 궤계를 무력화시키는 예수님의 사랑과 구원 이야기, 하나님의 신비로운 손길을 통해 드러나는 영성 이야기 등이 펼쳐진다. 그리스도인의 여부를 떠나 이 세상 모든 사람에게 깊은 감명과 교훈을 준다.

하지만 영성 이야기는 항상 조심스러울 수밖에 없다. 개인의 주관적 체험이 개입될 여지가 있고, 모든 사람에게 천편일률적으로 적용되기 어렵다는 사실 때문이다. 신앙인의 신비한 체험이 비성경적이거나 반사회적이라면, 먼저 사탄의 궤계나 농락을 의심해야 한다. 그럼에도 하나님의 경우의 수는 무궁무진하며, 인간의 이성을 초월한다는 사실은 명심해야 한다.

예수나라 옴니버스 시리즈는, 15세기 독일 사상가 토마스 아 켐피스(Thomas A Kempis, 1380-1471)의 경건 문서 『그리스도를 본받아』처럼, 그리스도인의 내적 갈등과 위로를 통해 선포하시는 계시적 이야기일 수도 있고, 사도 요한이 밧모섬에서 환상 중에 보고 기록한 묵시적 계시일 수도 있다.

사실 예수나라 옴니버스 이야기는, 저자의 생각에 의해 지어진 허구도 아니고, 경험에 의해 정리된 추리도 아니다. 오직 성령님에 의해 계시된 영성적 자전 이야기다. 그리스도인의 실생활 속에서 목격한 신비한 토막극이요, 하나님의 계시를 통해 드러난 천국 맛보기다.

하나님의 계시는 지금도 각계각층의 다양한 사람들에 의해 계속 드러나고 있다. 하지만 아무리 크고 놀라운 영성 이야기도 성경의 말씀을 능가할 수는 없다. 하나님의 신비한 이야기를 접할 때는 무엇보다도 먼저 사탄의 고차원적 농락을 조심해야 한다.

예수나라 옴니버스에 실린 이야기가, 비록 한 그리스도인의 인생살이와 꿈, 환상, 간증 등에 의해 기록되었다고 해도, 이 글을 통해 계시하시는 하나님의 메시지는 시종일관 사랑과 구원에 방점이 찍혀 있다. 이는 우리를 통한 하나님의 사랑 이야기로서, 우리의 구원을 위한 영성적 계시라는 증거다.

그러므로 아무리 하찮아 보이는 그리스도인의 일상적 생활도, 우리를 통해 일어나는 크고 작은 실수나 실패, 죄와 허물까지도, 우리의 신앙훈련이나 인생수양을 위해 도움을 준다는 사실이다. 아무리 부족한 그리스도인의 영성 이야기도, 그 안에 하나님의 놀라운 손길과 신비한 계시가 깃들어 있기 마련이다. 성령님의 비추심과 깨우치심이 여러분과 항상 함께하기를 빈다.

건전한 교훈은 복되신 하나님의 영광스러운 복음에 맞아야 합니다. 나는 이 복음을 전할 임무를 맡았습니다. (디모데전서 1. 11)

2017. 5. 2.
예수나라 청지기

차 례

제6편

새로운 시작

116. 여호와

2002년 새해 첫날 아침에, 주님의 말씀이 또렷하게 보였다.

"네가 하는 일을 여호와께 맡기면, 네가 계획한 일이 이루어질 것이다."

(잠언 16. 3)

117. 모진 아이

어디서 후원을 받아 사업을 추진하고 있었다. 그 사실을 공개했더니 특혜 시비가 일어나 어렵게 됐다. 하지만 사업은 계획대로 순조롭게 진행되어 마무리 단계에 접어들었다. 그때 내 옆에 한 아이가 있었다. 자리를 정돈하고 주님의 뜻을 따르라 했으나 도무지 말을 듣지 않았다. 그래서 아이를 매로 징계했다.

그러고 보니 또 다른 아이가 있었다. 그 아이는 머리털을 말끔히 밀고 꼿꼿하게 앉아 있었다. 겉으로는 말을 잘 들을 것처럼 순진하게 보였으나 실상은 그렇지 않았다. 목석같이 가만히 앉아 있는 아이가 처음 아이보다 더 말을 듣지 않았다. 그래서 드라이버(driver)로 아이 머리를 톡톡 치며 옆으로 옮겨 앉으라고 했다.

하지만 아이는 꿈적도 하지 않고 그대로 있었다. 나는 드라이버로 아이 뒤통수를 계속 내리치며 자리에서 일어나라고 다그쳤다. 아이 머리는 드라이브로 치는 곳마다 피멍이 들었다. 머릿속에만 멍이 들고 피는 흐르지 않았다. 그럼에도 아이가 말을 듣지 않았다. 급기야 아이 머리통은 만신창이가 되었다.

나는 화가 머리끝까지 치밀어 아이 볼때기를 치고, 뒤통수를 내리갈기며 인정사정없이 후려쳤다. 그래서 아이가 거반 죽게 되었다. 그때 매로 징계를 받은 처음 아이가 울면서 다가와 말했다.

"아버지, 제가 이 아이를 옮길 테니, 이제 제발 좀 그만하세요."

그러면서 처음 아이가 나중 아이를 끌어안고 일으켜 주었다. 그제야 화가 좀 가라앉았다. 정말 보기 드문 지독한 아이였다. 그런데 그 모진 아이가, 만신창이 된 바로 그 아이가, 나 자신처럼 보였다. (2002. 1. 7. 03:33)

118. 상급자

노트 위에 무엇인가 얽히고설킨 난맥상의 글들이 너절하게 쓰여 있었다. 그런데 손바닥으로 문질러 보았더니 깨끗이 지워졌다.

내가 일하는 직장에서 전쟁이 일어났다. 내 위의 상급자가 다 죽었다. 그들 중에는 계엄군도 있었고, 미군도 있었고, 육군 대령도 있었고, 장애인 단체장도 있었다. 그때 내가 한 노인의 목을 베고 단상에 올랐다. 하지만 내 자리는 가장 후미진 뒤쪽에 있었다. (2002. 1. 13. 01:00)

119. 담근 술

구의동으로 이사했더니 전직 대통령 2명이 찾아왔다. 그들이 이런저런 얘기를 나누다가 양주가 없느냐고 물었다. 국산은 있다고 했더니 그것도 좋다고 했다. 그래서 담근 술을 주었더니 서로 나눠 마시며 즐거운 시간을 보내고 돌아갔다. (2002. 2. 2. 06:06)

120. 부자(富者)

반석에서 샘물이 솟아 나왔다. 물이 넉넉해지자 세상 만물이 활기를 되찾았다.

어느 가게에 들렀더니 점원으로 보이는 청년 2명이 앉아 있었다. 일할 생각은 않고 자리만 지켰다. 그래서 한마디 했다.

"나 같으면 잠잘 방만 주어도 가게를 잘 봐줄 텐데."

그러자 그들이 나를 미워하기 시작했다.

독거미가 있다가 순식간에 보이지 않았다. 몸을 흔들었더니 내 가랑이 속에서 떨어졌다. 덩치가 커지기 시작하더니 사람처럼 되었다. 용기백배하여 때려잡았다. 목과 몸통과 다리를 잘라 거름더미에 던져버렸다. 그런데 그 독거미가 내 손가락을 물은 듯했다.

방에서 다리를 풀고 누워 쉬고 있었다. 그때 어떤 부자가 온다고 하면서, 집사가 나를 안고 옆방으로 옮겼다. 이것저것 대충 챙겨주기는 했으나 가만히 있을 수가 없었다. 그래서 옷가지를 걸치고 밖으로 나가보았다.

집사가 여전히 내 짐을 옮기고 있었다. 그 짐을 밀어주기도 하고, 짐 위에 올라타기도 했다. 아예 이사를 시키는 듯했다. 거기 위험한 계단이 있었다. 자매는 사뿐히 내려갔으나 나는 그러지를 못했다. 내려가다가 실족하여 거꾸로 매달린 채 안절부절못했다. 그때 자매가 다가와 붙잡아 주었다. (2002. 2. 7. 06:24)

121. 계모

사흘쯤 집을 떠나 있다가 돌아가 보니, 새로 들어온 계모가 아들을 의자에 앉혀놓고 음식을 주지 않았다. 아들이 거의 죽어가고 있었다. 아들은 모든 것을 포기한 채 먼 하늘만 바라보고 있었다. 물 한 모금 마시지 못한 듯 입술이 바싹 말라 있었다.

너무 안타깝고 측은하여 보양식으로 죽을 끓여 먹였다. 일반 음식을 주면 위장이 상할까 싶었기 때문이다. 그런데 그 아들이 나 자신처럼 느껴졌다. (2002. 2. 12. 07:42)

122. 모자(母子)

내 아들과 그 어미가 공사장 펜스 옆에 앉아 밥을 먹고 있었다. 조그만 밥상이 그들 앞에 놓여 있었으나 반찬도 없고 수저도 없었다. 작은 밥솥에 붙은 누룽지를 손으로 뜯어먹기 위해 길가에 쪼그리고 있었던 것이다.

그 모습이 너무 처량했다. 1960년대 돌아다니던 각설이 모자(母子)처럼 보였다. 마음이 찢어지는 듯 아팠다. 눈물이 앞을 가려 차마 볼 수가 없었다. (2002. 2. 17. 22:44)

123. 나무늘보

나무늘보 같은 짐승이 내 등에 찰싹 붙어 있었다. 그런데 양쪽 손가락이 모두 잘려 손등만 남아 있었다. 그 손으로 어떻게 매달려 있는가 보니, 아니나 다를까 서서히 미끄러지고 있었다. 약간만 흔들어버리면 금방 떨어질 것 같았다. 하지만 그 모습이 불쌍해서 그럴 수가 없었다. (2002. 2. 19. 06:26)

124. 아이

무슨 일로 아이를 인정사정없이 후려쳤더니 그 아이가 말했다.

"저를 때리신 지가 어제로 만 1년이 지났습니다. 그런데 아직도 때리시니 이제 죽게 되었습니다."

그때 아이를 보니 너무 처량하여 눈물이 왈칵 쏟아졌다. 내 아들 같기도 하고, 나 자신 같기도 하여 더욱 마음이 아팠다. (2002. 2. 23. 23:00)

125. 흰옷

쌀쌀한 날씨에 흰옷을 입고 길가에 서 있었다. 옷이 어찌나 희고 깨끗한지 광채가 났다. 그리고 보니 내가 어느 누구보다도 깨끗한 사람처럼 보였다. 하지만 너무 추웠다. (2002. 2. 24. 09:59)

126. 여관

어느 비탈진 산길을 힘겹게 오르고 있었다. 산마루에 이르자 넓은 아스팔트 길이 나타났다. 길가에 여관들이 군데군데 보였다. 눈앞이 탁 트이고 하늘이 손에 잡힐 듯 장활하게 펼쳐졌다.

그리고 조금 더 가니 봉천동으로 넘어가는 신림동의 어느 고갯길처럼 보였다. 거기서 잠시 쉬었다가 가려고 여관을 찾았다. 그런데 수리 중이었다.

(2002. 2. 25. 06:21)

127. 오리

열대 우림지대 같은 숲속에서 살았다. 오리가 밖에서 놀다가 길을 잃고 집을 지나쳐갔다. 아들과 함께 오리를 찾으려고 길을 나섰다. 그리 멀지 않은 곳에서 뒤뚱뒤뚱 돌아오고 있었다. 너무 반가워 양팔을 벌리고 맞으려고 했더니, 순식간에 달려와 아들과 얼싸안고 기뻐했다. 오리가 덩치도 크고 사람처럼 말도 했다.

"어디까지 갔다가 왔니?"

"대전까지 갔다가 왔어요."

"오리가 어찌 그 먼 거리를!"

"가다가 보니 대전이라는 표지판이 나와 얼른 돌아왔어요."

그리고 숲을 지나자 바닷물이 앞을 가로막았다. 시커멓고 흉흉한 물길이 악마의 아가리처럼 보였다. 하지만 지체할 수가 없어 물속에 들어갔다가 깊은 수렁으로 빠져들었다.

물로 나가려고 애쓸 때, '마지막 열정'이 내 팔을 잡고 당겨 주었다. 하지만 역부족이었다. 버둥거리며 힘을 다해보았으나 더욱 깊은 수렁으로 미끄러지는 듯했다.

그때 '남쪽의 산'이 바다 가운데 서서 내 손을 잡아주었고, '마지막 열정'이 길가에서 우리를 끌어당겼다. 그래서 바다 가운데 있는 작은 섬에 올라설 수 있었다. 나를 삼키지 못한 물길이 아쉽다는 듯 밀려가는 모습이 보였다.

바닷물이 빠져나가자 콘크리트 길이 드러났다. 나는 그 위에 서 있었다. 내가 빠졌던 수렁을 보니 움푹한 웅덩이였다.

"저기 미끄러져 들어갔구나!"

그리고 홍해를 건너듯 바닷길을 걸어서 집으로 돌아갔다. 어머니가 집에 있다가 반갑게 맞아 주셨다. (2002. 2. 28. 06:00)

128. 충주

지하주차장에 흉흉한 물이 가득 차 있었다. 어른 목까지 닿을 듯했다. 게다가 회오리 물결이 일어 위험했다. 그런데 갑자기 물이 빠지고 바닥이 드러났다. 내가 사용하는 인주와 도장, 서랍 키, 자동차 열쇠 등이 바닥에 있었다. 옆에 다른 사람의 열쇠도 보였다. 사나운 물결에 휩쓸려온 듯했다. 이것저것 주워보니 한 움큼이나 되었다.

그리고 차를 몰고 서울로 올라갔다. 시장기를 느꼈으나 정월 초하루라 요기할 곳이 없었다. 모든 음식점의 셔터가 내려져 있었다. 그래서 충주에 가서 먹기로 했다. 충주는 가는 길 중간쯤에 있었다. 그런데 길을 잘못 들었다. 위험을 무릅쓰고 후진하여 바른 길로 들어섰다. 얼마쯤 가다가 보니 충주가 나왔다. (2002. 3. 4. 06:20)

129. 집

높은 계곡에 걸린 외줄 다리를 건너가려고 했다. 한참 머뭇거리다가 용기를 내어 줄을 끌어당겼다. 그때 '용감한 성자'가 함께하여 위험부담이 일순간 사라졌다. 쉽고 안전하게 건넜다.

얼마 후 목적지에 도착하여 어느 집으로 들어갔다. 좁은 공간에 세간이

어지럽게 널려 있었다. 이것저것 정리할 건 정리하고, 정돈할 건 정돈하자, 그런대로 살 만한 깨끗한 집이 되었다.

그리고 옆집을 보니 웅장하고 산뜻했다. 넓은 대지 위에 반듯하게 지어진 새집으로 꽤나 비쌀 듯이 보였다. 그런데 그 집도 세간이 어지럽게 널려 있었다. 내가 정리하고 정돈해야 할 것으로 여겨졌다. 언젠가 내가 할 일로 보였다. (2002. 3. 8. 06:25)

130. 이름

스키장 사업체에 갔더니 마지막으로 가등기를 해준다고 하면서 도장을 파오라고 했다. 그래서 강남역 부근의 작은 도장방에 들렀더니 도장을 새기는 노인이 말했다.

"오랫동안 도장만 파다가 보니, 그의 이름만 보아도 그 팔자를 보게 되었지. 안타깝게도 자네는 날마다 돌아다녀도 수익은 없고, 늘 고달프기만 할 팔자일세."

내 실상을 꿰뚫어보는 듯했다. 하지만 크리스천이라는 생각에 되물어보았다.

"왜 그렇죠? 무슨 근거라도 있나요?"

그러자 노인이 종이에 내 이름을 쓰면서 말했다.

"이제까지 80년 가까이 살면서 경험한 바에 의하면, 이름에 동녘 동(東)자가 들어간 사람의 팔자는 대부분이 다 그랬소. 자, 이것 보시오, 사방(十)을 날(日)마다 두 발(八)로 돌아다녀야 겨우 먹고살 팔자(八字)잖소?"

그때부터 나는 한동안 내 이름에 대해 곰곰이 생각했다. 내 형편이 사실상 노인의 말과 같았고, 하는 일마다 실패를 거듭하면서, 부지런히 쫓아다녀도 수익이 없었기 때문이다. 오히려 열심히 할수록 빚이 늘어나고 있었다. 그래서 그게 정말 그런지, 주님께 여쭤보기로 했다. 그러자 주님이 감동을 주셨다.

"수풀 림(林)자는 십자가(十)만 붙잡고 두 손(八)을 모아 기도하고 또 기도하라는 뜻이며, 동녘 동(東)자는 십자가(十) 아래서 날(日)마다 기도(八)하라는 뜻이며, 봄 춘(春)자는 매일(日) 세 번(三)씩 기도(八)하라는 뜻이다."

이후, 그 노인의 말이 사실이긴 했으나, 하나님께서 내게 기도하라고 노인을 통해 메시지를 주신 것으로 받아들였다. 그런데 사람들이 내가 쓴 이름을 보고 부를 때, '춘'이 아니라 '훈'이라고 불렀다. 한두 번이 아니라 자주 그랬다.

그래서 낙향하여 생년월일을 고칠 때, 이름도 '춘'을 '훈'으로 바꿨다. 사람들이 나를 '훈'이라고 부르는 것이, 부르기도 쉬울 뿐만 아니라, 하나님의 뜻이라고 믿었기 때문이다. 사실 개명 후 내 이름에 대한 콤플렉스가 사라지고 자부심이 생겼다. (2002. 3. 10)

131. 아파트

　형제가 바둑을 두었다. 동생은 변으로 실리를 챙겨 80집을 지었고, 형은 중앙으로 세력을 얻어 동생보다 더 많은 집을 지었다.

　어떤 사람이 아파트 열쇠꾸러미를 던져주었다. 그래서 텔레비전 위에 올려놓았다. 그 집은 내가 난생처음 분양받아 짧은 기간 살았던 아파트와 흡사했다. 그리고 얼마 후 아파트를 선물로 받았다. '영종도 오도면 기쁨리'에 있었다. (2002. 3. 12. 06:24)

132. 불용품

　작은 가전제품 하나를 수리하려고 애썼다. 우선 꼬마전구와 배터리가 필요했다. 하지만 내가 가진 것은 모두 불용품이었다. (2002. 3. 15. 04:20)

133. 진짜와 가짜

어떤 여인이 변장을 하고 어느 집에 들어가더니, 방문에다 대고 기관총을 난사했다. 방 안에 있던 여인들이 많이 다치거나 죽었다. 그리고 총을 난사한 여인도 문밖에서 스스로 쓰러져 죽었다.

그런데 그 여인은 정상인이 아니었다. 내가 여인을 밟고 방으로 들어가면서 보니, 옷 속에 다리가 없었다. 양다리가 모두 보이지 않았다. 이상히 여기며 방 안에 들어서자, 그 여인이 뒤따라 들어와 말했다.

"문밖에 죽은 여인은 나를 변장한 가짜입니다. 진짜는 지금 보시는 바로 나입니다."

그때 대문 밖에서 아이 2명이 어머니를 기다리고 있었다. 그런데 그 어머니로 보이는 여인이 방에서 외간 남자와 정을 통하고 있었다. 그 모습을 보고 사람들이 모두 역겨워했다. 그 여인은 죽거나 다친 여인들 틈바구니에 끼어서 용케 살아남은 것으로 보였다. (2002. 3. 17. 11:28)

134. 은혜와 진리

빨랫줄에 옷이 널려 있었고, 빨래 사이에 새들이 앉아 있었다. 새들이 연기처럼 사라지더니, 순간적으로 까만 옷이 하얗게 변했다.

그때 빨랫줄 맨 끝에 사나운 매 같은 짐승이 눈을 번쩍이며 노려보고 있었다. 그런데 그 매가 점점 작아지더니 바위 뒤로 맥없이 떨어졌다. 그리고 다시 올라오는 것을 보니, 아주 작은 개미로 변해 있었다. 마치 먼지와 같았다.

'은혜'와 '진리'라는 두 여인이 있었다. '은혜'는 20대 후반이고, '진리'는 30대 후반이었다. 어느 날 '은혜'가 옷을 벗고 있었다. 얼마나 귀엽고 아름다운지 유두를 살짝 만져보았다. 하지만 나는 '은혜'보다 '진리'를 더 좋아했다. 그러자 '은혜'가 자꾸 훼방을 놓았다.

그리고 얼마 후, 어떤 건물이 무너져 '은혜'가 그 아래 깔렸다. '은혜'를 구하여 등에 업고 병원으로 갔다. 그런데 또 건물이 무너졌다. 하지만 우리는 옆 건물 옥상에 있었다. 그래서 모두 안전했다. (2002. 3. 18. 04:28)

135. 자매와 담배

어느 낯선 곳에서 자고 일어나자, 자매가 불붙은 담배를 권했다. 하지만 나는 받지 않았다. 자매는 언제부턴가 담배를 피웠다. 매우 안타까웠다. (2002. 3. 20. 03:37)

136. 십자가 피

거반 죽은 것처럼 보이는 사람이 누군가에 의해 끌려가고 있었다. 한없이 끌려가는가 싶더니 어느 십자가 아래 세워졌다. 완전히 죽은 것 같기도 했고, 어쩌면 목숨이 붙어 있는 것 같기도 했다. 아무 말도 없이, 표정도 없이, 의지도 없이, 그냥 축 늘어진 상태로 끌려갔다.

그가 십자가 아래 끌려가 섰을 때, 십자가 위에서 흘러내린 피가 그의 머리에 한 방울 떨어지더니, 이마와 볼을 거쳐 입으로 들어갔다. 그러자 그가 서서히 고개를 들었다. 그런데 그 얼굴을 보니 바로 나였다. (2002. 3. 23. 09:11)

137. 못난 짐승

나귀 새끼 같기도 하고 망아지 새끼 같기도 한, 매우 연약한 짐승이 수북이 쌓인 눈 위에 홀로 앉아 있었다. 눈이 계속 내리면서 쌓이고 있었으나 꼼짝달싹하지 않고 그대로 있었다. 그런데 그 짐승의 몰골을 보니, 허리가 길쭉하고 꾸부정한 것이 못난 나처럼 느껴졌다.

아무 말 없이 무표정하게 그저 멍하니 앉아 있는 것이, 무슨 중병에 걸린 것 같기도 하고, 아니면 깊은 시름에 빠진 것 같기도 했다. 무의식 가운데 그저 참고 견디며 꿋꿋이 버티고 있었다.

그렇게 상당한 시간이 지나 더 많은 눈이 쌓였다. 다른 짐승들은 다 집으로 돌아가고 하나도 없었다. 그 짐승만 홀로 남아 인고의 세월을 보내고 있었다. 그러다가 왼편으로 픽 쓰러졌다. 내가 바라보고 있는 방향이었다.

"쯧쯧, 저 못난 짐승이 결국 쓰러져 죽는구나!"

그런데 그 짐승이 정신을 가다듬더니 서서히 일어나고 있었다. 피곤한 기색도 없이, 아프거나 고통스러운 내색도 없이, 그냥 무덤덤하게 주변을 두리번거리며 다시 일어났다. 정말 모진 풍파를 견디며 버티는 모습이, 어느 누구와 너무 흡사했다. (2002. 3. 24. 12:43)

138. 예배당

어느 교회에서 단계적 예배를 드리고 있었다. 프로그램에 따라 순서가 이어졌고, 맨 마지막 예배만 남은 듯했다. 그때 나는 자매와 함께 밖에 있다가, 화장실에 가려고 교회 안으로 들어갔다. 예배당 뒤뜰을 지날 때, 수염이 덥수룩한 목회자가 다가와 말했다.

"안으로 들어가 자리를 잡고 앉으세요."

"화장실에 가려고 잠시 들렀습니다."

그러자 그가 뭐라고 하면서 나무랐다. 그래서 자매에게 전화로 일러주었다.

"357번 의자로 찾아오세요."

그때 나는 좌석 표를 가지고 있지 않았지만, 예배당이 너무 크고 층수도 많아서 당연히 좌석 번호가 있으려니 생각했다. 그리고 357번 의자를 찾아갔더니, 3인용 의자에 어떤 할머니가 홀로 앉아 있었다. 양쪽 옆자리는 비어 있었다.

그래서 할머니 왼편에 앉았더니, 잠시 후 자매가 찾아와 할머니 오른편에 앉았다. 할머니가 뚱뚱하여 자리가 비좁았다. 그때 앞 좌석이 비어 있었다. 내가 그 빈자리로 옮겼다. 그러자 나는 3인용 의자에 홀로 앉아 여유가 있었고, 뒤쪽의 자매와 할머니도 여유가 생겼다.

'창창한 빛'이 나와 함께 있었다. 그때 한 할머니가 찾아왔다. '창창한 빛'이 그 할머니와 함께 네모난 철문 안으로 들어갔다. 그 철문 안쪽에 숲이 있었다. 밖에서 머뭇거리다가 나만 홀로 남았다. 그들의 뒷모습만 물끄러미 바라보았다. (2002. 3. 27. 04:20)

139. 부담

무슨 일을 5명이 부담하게 되어 있었다. 나와 한 사람은 그 일에 대한 부담을 들었으나, 나머지 3명은 여전히 부담을 안고 있었다. 나와 한 사람은 사전에 자원하여 그 대가를 치름으로써, 부담이 면제되었다고 했다. (2002. 3. 28. 04:18)

140. 물줄기

강 상류에 큰 물줄기가 보였다. 하류에 일시적으로 막아놓은 댐 같은 구조물이 있었으나, 상류의 물줄기가 갑자기 밀려오면 버틸 수 없을 것 같았다. 그 물줄기는 하늘에서 예비한 듯이 보였고, 하늘과 땅 사이에 머무는 다른 큰 물줄기도 곧 내려올 듯했다.

강 가운데 큰 바위가 군데군데 있었고, 바위 사이사이에 운동장만 한 큰 웅덩이도 있었다. 그때 나는 한 웅덩이 속에 머물렀다. 넓고 평탄했으며 방같이 네모반듯했다. 그러다가 큰 물줄기가 밀어닥칠 것 같은 예감이 들어 그 웅덩이를 빠져나왔다.

그런데 마치 때를 맞추기라도 한 듯이, 상류에 머물고 있던 큰 물줄기가 급류를 타고 내려오기 시작했다. 경사가 그리 심하지는 않았으나 매우 빠른 속도로 내려와 순식간에 모든 웅덩이를 채우고 넘쳤다. 나는 바위에 벗어놓은 신발도 챙기지 못한 채 도망치듯 산으로 올라갔다.

물길이 모든 바위를 삼키고 범람하더니, 내 신발은 물론 다른 사람의 신발까지 떠내려가기 시작했다. 나는 신발을 건지려고 다시 강으로 내려가 물속에 들어갔다. 물가에 발을 들여놓자 그냥 물속으로 빠져들었다. 물속에 푹 잠겼다가 가까스로 올라왔다. 신발을 포기하고 간신히 물 밖으로 나왔다.

그때 물 위를 사뿐히 걸어와 내 신발을 건져준 사람이 있었다. 인사할 겨를도 없이 신발을 받아 신고 서둘러 산으로 올라갔다. 그리고 도도히 흘러가는 강물을 바라보았다.

통나무에 매달려 떠내려가는 사람들이 있었다. 4명은 통나무를 꽉 끌어

안고 있었으나, 1명은 통나무 꽁무니를 간신히 잡았다가 놓치곤 하면서, 사력을 다해 따라가고 있었다. 크고 작은 소용돌이를 거치며 그들은 계속 떠내려갔다.

그들이 폭포 같은 낭떠러지를 지나며 물속에 푹 잠겼다가 소용돌이 속에서 빠져나왔다. 그런데 통나무를 안고 다소 안전하게 내려가던 사람들은 하나도 보이지 않고, 통나무 뒤에서 허우적거리며 따라가던 사람만 통나무를 타고 있었다.

그리고 다시 작은 폭포 같은 곳을 지났다. 그리 심하지 않은 소용돌이 속에서 흙탕물이 일어나는 것이 보였다. 물길도 낮고 물살도 잔잔하여 안전한 곳에 이르렀다는 사실을 짐작할 수 있었다. (2002. 3. 29. 06:48)

141. 귀신

우리 가족 중에 하나가 흰 종이를 들고 있었다. 영안으로 보니 그 속에 악한 귀신이 숨어 있었다. 비록 눈에는 보이지 않았으나, 분명히 백지 뒤에 웅크리고 있었다. 돌멩이를 주워들고 살그머니 다가가 가운데를 집중적으로 내리치기 시작했다. 한참을 그렇게 했더니 돌멩이에 피가 묻어 나왔다.

이번 기회에 귀신을 아주 박멸해야겠다는 생각이 들었다. 그래서 점점 세게 인정사정없이 마구 내리쳤다. 그렇게 귀신의 정수리를 계속 내리쳤더니, 귀신의 골통이 부서진 듯했다. 그래도 안심이 안 되어 확인사살 하듯이, 있는 힘을 다해 치고 또 쳐서 완전히 깨부숴버렸다.

그러자 그동안 나와 내 가족, 우리 가문을 어렵게 하고, 재산까지 빼앗아간 귀신이 완전히 궤멸하였다는 생각이 들었다. (2002. 4. 3. 20:50)

142. 응원가

경관이 빼어난 오솔길을 걸어가고 있었다. 그때 낡고 오래된 승용차가 구름다리 위에서 사납게 돌진했다. 예전에 탔던 내 자동차 같았다. 좁은 계곡 같기도 하고 구렁 같기도 한 곳으로 몸을 피하며 운전자를 힐끗 보았더니, 그는 오래전에 죽은 사람이었다. 내 길을 방해하는 사탄이라는 생각이 들었다.

"사탄아, 물러가라! 주 예수 그리스도 이름으로 내가 명한다! 더러운 귀신아, 당장 물러가라!"

그렇게 몇 차례 소리를 지르자, 그가 어리둥절해 하며 물러갔다. 길가에 넘어진 그의 자동차도 바람에 나는 겨와 같이 사라져버렸다. 그때 익숙한 신작로를 따라 승합차를 타고 내려오는 사람들이 있었다. 그들은 하나같이 주체할 수 없는 기쁨으로 환호했다. 무슨 응원가를 부르는 것 같았다.

오래전 그 신작로를 걸어갈 때, 바위와 물, 나무, 들풀, 가축, 어패류 등이 하늘 곡조로 하나님을 찬양한 적이 있었다. 하나님의 영광을 드러내기 위한 생물과 무생물의 아름다운 하모니, 장엄한 오케스트라의 합창, 실로 사람의 언어로 표현할 수 없는 하늘의 멜로디였다.

수정같이 맑고 깨끗한 물속에서, 실오라기 하나 걸치지 않은 알몸으로 황홀함을 맛보았던 고향의 강, 바로 그 강을 따라 이어진 신작로에서, 오늘도 사람들이 버스를 타고 내려오면서 나를 향해 응원가를 불렀던 것이다. 그때 내 주변에 꽃뱀 같은 것이 몇 마리 보였으나, 한 번도 힘을 써 보지 못하고 난도질당해 바깥으로 던져졌다.

그리고 신입직원을 채용하고 일부 직원을 승진시키는 인사위원회가 열렸다. 그 회의를 내가 주관하는 듯했다. 위원들은 자유분방한 모습이었고, 모두가 하나같이 기뻐하고 즐거워했다. (2002. 4. 7. 12:30)

143. 한눈

내 우편에 한 여성이 누워 있었다. 좌편을 돌아보니, 속이 훤히 비치는 옷을 입은 여인이 이리저리 뒹굴고 있었다. 유방은 한없이 풍만하고 유두는 보일 듯 말 듯 작았다. 손을 뻗어 여인의 유두를 만져보니 유두 위에 또 유두가 있었다.

뭔가 이상한 예감이 들어 여인의 아랫도리를 만져 보았더니, 아니나 다를까 홍두깨 같은 방망이가 손에 잡혔다. 깜짝 놀라 자리에서 벌떡 일어났다. 쓸데없이 한눈을 팔지 말라는 주님의 뜻으로 여겨졌다. (2002. 4. 8. 04:30)

144. 기도의 힘

내 집과 잠자는 방을 가리지 않고, 여전히 주변에 뱀이 많았다. 하지만 맥없이 그냥 꿈틀거리기만 했다. 어머니가 불집게로 뱀을 집어 멀리 던지는 모습이 보였다. 기도의 힘이 분명했다. (2002. 4. 10. 20:50)

145. 피난처

산 위에 있는 조그만 동굴이 나의 피난처였다. 내 가족이 감기에 들렸다는 소식을 듣고 걱정이 되었다. 그때 한 노인이 와서 담배를 좀 달라고 했다. 담배가 없으니 필요하다면 사다 주겠다고 했다. 그러자 그가 담배를 사려거든 까만 담배, 곧 '금강'을 사라고 했다. 담뱃가게에 가서 물어보니 가장 싼 담배였다. 그래서 1600원에 한 보따리를 사서 갖다 주었다.

남산에 사나운 폭풍우가 휘몰아치고 있었다. 계단을 내려가다가 잠시 멈춰 쉬었다. 폭풍우가 다소 잠잠하기로 다시 길을 나섰다. 그때 한 아가씨가 내 옆을 지나가기로 우산을 받쳐주며 말했다.

"비 오는 날 우산이 되어 드리겠습니다."

그러자 아가씨가 방긋 웃었다.

그리고 어느 강에 이르렀다. 시멘트로 조성된 보에 물이 흘러넘치고 있었다. 하지만 폭풍우가 잠잠해진 관계로 건너갈 만했다. 강 가운데 들어서 보니, 세단 승용차가 떠내려가다가 바위에 걸려 있었다. 그런데 바위 사이로 점점 빨려 들어가고 있었다.

우리는 무사히 강을 건너 산기슭에 있는 너럭바위로 올라갔다. 그때 개미 1마리와 벌 3마리가 뒤엉켜 있다가, 각자 흩어져 제 갈 길로 가는 모습이 보였다. (2002. 4. 11. 04:25)

146. 직장

길이 순탄하여 차가 잘 빠지다가 갑자기 끊어지고 없었다. 도로공사를 하다가 마무리하지 못한 듯했다. 부득이 강둑 아래로 우회전하여 거슬러 올라갔다. 그렇게 목적지에 도착해 보니, 내가 일할 직장이었다. 새로 부임했거나 복직한 것 같았다.

내가 맡은 일은 복잡한 행정 업무였다. 책상을 배정받아 짐을 정리하다가 총괄 부서로 가보았다. 팀장으로 보이는 나이 많은 사람이 내게 행정만 하지 않는다고 귀띔해 주었다. 그리고 다시 내 자리로 돌아와 나머지 짐을 정리했다. (2002. 4. 13. 06:38)

147. 가게

애타게 기다리다가 시험에 합격했다는 통보를 받았다. 축하 메시지도 함께 왔다. 그런데 합격 통보서가 무슨 견적서 같았다. 골방에서 사무를 보는 '최종 성공'에게 가서 말했다.

"가게를 정리하려고 하는데 도와줄 수 있나요?"

"물론이죠, 오늘 학교 가는 날 아닌가요?"

"아닙니다."

그리고 옆에 있는 '좋은 계절'에게도 부탁했더니 함께할 수 있다고 했다. 그래서 가게를 정리하기 시작했다. 먼저 진열대 바닥을 평편하게 하고, 밖으로 나가 울타리와 도랑 건너편 언덕까지 터를 고르게 닦았다. 공간을 최대한 활용하기 위해서였다.

그때 아버지와 어머니가 서로 다투는 소리가 들렸다. 다행히 심하지는 않았다. 무슨 견해차로 일을 조율하는 듯했다. 약간은 신경이 쓰였으나 금방 잊어버리고, 가게를 정리하는 데 전념했다. (2002. 4. 14. 09:00)

148. 처녀

30살 가까이 남자를 모르고 살아온 처녀가 오더니, 나와 사귀기를 원했다. 엘리트 친구인 '좋은 섭리'와 '순리 창문'도 내게 와서, 그 처녀와 사귀라고 권했다. (2002. 4. 15. 06:20)

149. 새순

키가 나지막한 고목이 바싹 말라 죽어 있었다. 그런데 그 그루터기에서 새순 2개가 나오더니 쭉쭉 뻗어 올라갔다. 어찌나 빨리 자라는지 수십 년에 걸쳐 자란 나무를 금방 능가할 듯했다. 그 성장력은 고목의 뿌리에서 비롯되었다. 하지만 줄기는 매우 약했다.

내가 살던 고향 집에 내려갔더니 동창생들이 우르르 몰려왔다. 동창회를 한다고 하면서 내게 다가와 입을 맞추고 크게 환영해 주었다. 그리고 방이 준비되었다고 해서 가보니, 아궁이에 군불을 지펴놓았다.

그 방에 들어가 보니, 옛 모습 그대로 여전히 허술하여 구들장에서 연기가 올라오고 있었다. 그런데 방 한편에 곡식 가마가 수북이 쌓여 있었다. 먹고살기에 어려움이 없는 듯했다. (2002. 4. 15. 20:48)

150. 비둘기

'생각의 아들'과 함께 봉고차를 타고 어딘가 가고 있었다. 차바퀴가 미끄러져 물에 빠졌다. 우리는 운전석 우측에 타고 있어서 유리창을 내리고 쉽게 탈출할 수 있었다. 그때 '생각의 아들'에게 소지품을 챙기지 않았다고 나무랐다. 그리고 자동차 회사에 연락했더니, 이미 사고가 난 사실을 알고 있었다. 곧 다른 차를 보내준다고 했다.

내 주변의 사람들이 내게 무슨 단체의 부장 직책을 주겠다고 하면서, 그 단체에 가입하라고 했다. 그러나 나는 그럴 여유가 없다고 하면서 사양했다. 그리고 돌아보니, 옆집 울타리에 비둘기 두 마리가 앉아 있었다. (2002. 4. 19. 05:50)

151. 치유

자매의 손등에 물집이 잡히더니 고름까지 생겨 애처로웠다. 얼마 뒤 내 손등과 엄지손가락에도 물집이 잡히고 고름이 생겼다. 그래서 피부를 한 껍질 벗겨 보았더니, 고름 주머니가 팥알처럼 송알송알 뭉쳐 있었다. 살짝 건드렸더니 땅바닥에 도르르 굴러떨어졌다. 고름 주머니가 떨어진 자국이 하얗게 변해 있었으며, 점차 회복되고 있었다.

그때 자매를 보니 손등과 손바닥이 모두 헐어 있었다. 하지만 고름은 없었다. 손바닥을 눌러 마지막 진물을 뺐더니 금방 나을 듯했다. 그로 인해 자매는 고생을 많이 했지만, 손이 뽀송뽀송한 것을 보니 분명히 낫고 있었다. 나와 자매가 동시에 치유되고 있음이 분명했다. (2003. 4. 23. 20:57)

152. 야영

산 넘고 강 건너 한참 가다가 보니, 아늑하고 아담한 야영장이 나왔다. 그리고 얼마 있다가 각자 도시락과 소지품을 챙겨 길을 나섰다. 나는 현장을 답사하여 다소 여유가 있었지만, 다리에 장애가 있어 일찍 출발했다.

내가 챙긴 소지품은 신발이 전부였다. 비닐봉지에 넣어 들고 가다가, 주막에서 요기한 뒤 깜빡 잊고 그냥 나왔다. 조금 가다가 깨닫고 돌아가 보니, 다행히 방 아랫목에 그대로 있었다. 그런데 주막집이 너무 어둡고 침침했다. 사람도 보이지 않아 으스스했다. 그래서 한마디 하고 도망치듯 급히 빠져나왔다.

"아줌마! 두고 나온 신발 도로 가져갑니다!"

그리고 길을 재촉했다. 그런데 신발 봉지를 살펴보니, 나막신 한 짝과 고무신 한 짝이 들어 있었다. 애당초 내가 실수로 그렇게 챙긴 것인지, 아니면 주막에서 바뀌었는지 나도 알 수가 없었다.

한참 부지런히 가다가 보니, 다소 넓은 찻길이 나왔다. 버스종점이 있었고, 많은 사람이 북적거렸다. 바삐 오가는 상인들, 짐을 실은 손수레와 차

량 등을 피해 좁은 길로 들어섰다. 그리고 서둘러 올라갔더니 목적지가 가까이 보였다. 다시 강을 건너고 산을 넘어 야영장 입구에 도착했다.

먼저 도착한 교인들이 음식을 나르고 있었다. 반찬은 세 가지가 남아 있었다. 도라지나물과 다른 반찬 두 개였다. 그런데 봉지가 터져 금방 쏟아질 듯했다. 직감적으로 우리 교회가 가지고 온 반찬임을 알았다. 봉지를 잡고 수습하기 시작했다. 그때 여(女) 집사가 다가왔다. 그 집사가 한 봉지, 내가 두 봉지를 들고 가파른 동굴을 통과하여 모임 장소까지 갔다.

그런데 출입문 손잡이가 썩은 참나무였다. 잡으면 으스러질 듯했다. 어찌할 바를 몰라 서성거릴 때, '전신갑주' 목사님이 사뿐히 건너가는 모습이 보였다. 우리도 그와 같은 방법으로 사뿐히 건너갔다. 그리고 아래층에 있는 예배 장소까지 순식간에 미끄러져 내려갔다.

거기서 교인들이 '거룩한 환생' 목사님의 인도로 예배를 드리고 있었다. 마지막 순서인 축도가 이어졌다. 예배가 끝난 뒤 야영장으로 갔다. 손이 약간 더러워져 있었다. 마침 옆에 물이 있어 깨끗이 씻었다. 그때 한 자매가 드럼통에 쓰레기를 태우면서, 버릴 곳이 마땅치 않다고 했다. 그리고 물이 귀하니 물을 아껴 쓰라고 충고했다.

운동장에 많은 사람이 모여 있었다. 자전거를 타고 다니는 아이들의 모습도 보였다. 한 아이가 다른 아이를 뒤에 태우고, 자기도 뒤로 드러누운 채 자전거를 타는 묘기를 보여주고 있었다. 그럼에도 사람들 사이를 요리조리 잘도 빠져나갔다.

벌써 점심시간이 되었는지 식사를 준비하는 사람들로 분주했다. 그제야 갈 길을 다 간 듯싶었다. 그래서 잠시 쉬면서 안도의 숨을 쉬었다. 그때 들고 있는 비닐봉지를 펴서 신발을 살펴보았다. 쌍은 맞았으나 짝이 아니었다. 참으로 난감했다. (2002. 4. 24. 02:53)

153. 차(車)

길가에 차를 세우고 잠시 일을 보고 돌아와 보니, 어떤 트럭이 지나가며 차 앞문부터 뒷문까지 쭉 긁어놓았다. 운전석 문짝은 아예 열 수가 없을 정도로 움푹 들어가 있었다. 그래서 조수석 문을 열고 들어가 시동을 걸었다. 그마저 여의치 않았다.

그때 어떤 청년이 와서 차가 미끄러지지 않도록 뒤를 받쳐 주었다. 그래서 일단 안심하고 시동을 걸어보았다. 하지만 차는 계속 슬금슬금 미끄러지며 시동이 걸리지 않았다. 차가 아래로 굴러떨어지지 않도록 그가 힘을 다해 밀어주었다.

그러다가 마지막 순간에 시동이 걸렸다. 하지만 계기판 바늘이 껄떡껄떡하며 오르락내리락했다. 그럼에도 차는 조금씩 언덕길을 올라갔다. 그렇게 차가 언덕 위에 올라서자 삼거리가 나왔다. 잠시 망설이다가 좌측 길로 들어섰다. 내리막길이 쭉 이어지면서 정비소가 나올 것으로 보였기 때문이다. (2002. 5. 6. 20:50)

154. 우편물

오래전에 돌아가신 외할머니가 나타나 무슨 우편물을 주면서 부치라고 했다. 하지만 우편료가 없었다. 그래서 무작정 땅만 보고 걸었다. 길가에 떨어진 500원짜리 동전이 보였다. 그 돈으로 우편물을 부쳤다.

그리고 어느 산길을 따라 쭉 올라갔다. 바위가 부서지면서 모래로 바뀌는 산이었다. 아직 군데군데 바위가 보였으며, 바위 사이사이에 아카시아가 있었다. 처음에는 순탄하게 올라갔으나, 정상이 코앞에 보이는 곳에서 바위가 굴러 내려왔다. 그리 크지 않아서 손으로 밀쳐버렸다.

그런데 바위가 계속 굴러왔다. 나는 손으로 밀쳐버리면 되었으나, 가속이 붙으면 아래쪽에 있는 사람들이 위험할 것 같았다. 그래서 굴러오는 바위를 잡아 모래 속으로 밀어 넣었다.

그때 위쪽을 보니, 다소 큰 아카시아가 몇 그루 있었다. 그것을 잡고 정상에 올라가려고 했다. 그런데 그 나무를 잡아보니 뿌리째 흔들거렸다. 잡아당기면 금방 쑥 빠질 듯했다. 그래서 이리저리 살펴보며 방법을 강구했으나, 바로 올라가는 길은 없었다.

좌측을 보니 가파른 절벽이었고, 우측을 보니 아찔한 낭떠러지였다. 그런데 아카시아 그루터기 하나가 낭떠러지 난간에 붙어 있었다. 그 밑동을 잡고 흔들어 보니 다행히 탄탄했다. 그래서 그것을 잡고 몸을 날려 사뿐히 정상으로 올라갔다.

산마루에 올라서자 어디선가 벌 한 마리가 날아와 내 팔뚝에 침을 놓았다. 그러자 그 자리에 붉은 반점이 생겼다. 그 반점에서 작고 예쁜 노랑나비 한 마리가 나왔다. 그리고 팔뚝 살갗에 붙어 있는 세균을 모조리 잡아먹었다. 그래서 내 피부가 깨끗하게 되었다.

그리고 나비가 나온 팔뚝 반점에서 작고 노란 알들이 무수히 쏟아졌다. 눈에 보일 듯 말 듯 아주 작은 알이었다. 그 알들이 팔뚝 이리저리 흩어지며 향기를 발하더니, 이번에는 예쁜 꽃을 피우기 시작했다. 그 꽃들이 내

주변을 황홀하게 하더니, 온 세상을 아름답게 바꿔놓았다. (2002. 5. 8)

155. 송충이

오늘은 '꿀벌'의 생일이다. 나보기가 역겨워 샤워하고 일찍 잠자리에 들었다. 귓가에 까치 소리가 들리며 환상이 보이기 시작했다.

넓디넓은 들판에 새싹이 돋아나고 있었다. 너무 연약하고 힘이 없어 마음을 졸였다. 여기저기 뜨문뜨문 돋아나는 싹을 보니, 어릴 때 보았던 메밀 순 같았다. 키만 크고 몸피가 가냘팠다. 꽃을 피우고 열매를 맺을 수 있을지 의심스러웠다. 그런데 어느새 그 넓은 들판을 가득 메웠다.

그리고 시간이 지나 겨울이 되었다. 그 모든 것이 앙상하게 말라 죽었다. 하나도 열매를 맺지 못한 것으로 보였다. 들판이 온통 을씨년스러웠다.

그때 눈을 들어 위쪽을 보니, 계단식 논이 쭉 이어져 있었다. 벼를 벤 그루터기만 보였다. 봄이 왔는가 싶어 다시 보았으나 여전히 겨울이었다. 온 들판이 텅 비어 황량했다.

"하나님이시여, 어찌하여 우리를 이처럼 버리셨습니까? 어째서 주의 백성에게 분노하십니까?" (시편 74. 1)

오늘도 평소 습관대로 도봉산에 올랐다. 기도원 입구 우측 산 중턱에 있는 응답의 바위에서, 저 멀리 산마루에 맞닿은 동녘 하늘과, 내가 서 있는 바위 아래쪽으로 펼쳐진 상수리나무 물결을 바라보며, 신령한 새벽 기운을 한껏 들이마셨다. 바위 뒤쪽 소나무 가지에서 시원한 바람이 불어와 기분이 상쾌했다.

바로 옆에 작은 느티나무가 있었다. 여러 마리의 송충이가 달라붙어 잎을 갉아먹고 있었다. 그때 벌과 비슷하게 생긴 까만 곤충이 날아와 송충이 위에 잠깐 앉았다가 날아가는 모습이 보였다. 그러자 곤충이 송충이를 쏘았는지 송충이가 몸을 꼬부리고 뒤틀며 괴로워했다.

그리고 잠시 뒤에 보니, 그 송충이가 거미줄 같은 거품을 입에 물고 나무에 매달려 있었다. 마치 거미줄에 목을 매고 나뭇가지에 달려 자결한 것처럼 보였다. 호기심에 자세히 살펴보니, 온몸이 마비되어 꼼짝 못 하고 굳어버린 듯했다. 작은 바람에도 이리저리 흔들거리는 모습을 보니, 미물이지만 생명이 무상하다는 생각이 들었다.

비록 나뭇잎을 갉아먹고 사는 하찮은 벌레이나, 작은 곤충이 쏘는 독에 의해 손쓸 겨를도 없이 허무하게 죽었던 바, 불쌍하다는 생각이 들었다. 미처 자라지도 못한 채 참변을 당한 송충이가 어쩌면 나와 같다는 생각이 들었다. 눈물이 글썽거렸다.

알레르기 비염으로 독한 약을 먹은 탓에 졸음이 밀려왔다. 바위에 누워 잠시 눈을 감았더니 환상이 보였다. 파르스레하게 머리를 깎은, 키가 작고 체구가 다부진 스님이 나무에 매달려 있었다. 방금 전 나무에 달려 죽은 송충이처럼 이리저리 바람에 흔들리고 있었다. 깜짝 놀라 일어나 그 송충이를 바라보았다. 그런데 이것이 어찌 된 영문인가? 죽었던 송충이가 다시 살아나 나뭇잎 위에서 쉬고 있는 게 아닌가? 참으로 희한한 일이었다.

입에 거품을 물고 축 늘어져 나뭇가지에서 흔들거리던 그 송충이가, 잠시 잠깐 사이에 어떻게 나뭇잎으로 다시 올라와 쉬고 있단 말인가? 정말 이상한 일이었다. 다시 보고 또 보아도 분명히 그 송충이였다. 그리고 얼마

후 완전히 기력을 회복하여 나뭇잎을 갉아먹고 있었다. (2002. 5. 11)

여호와께서 자기 백성의 상처를 싸매시고 고치시는 날, 달빛은 햇빛처럼 밝을 것이며, 햇빛은 7배나 밝아 7일 동안의 빛과 맞먹을 것이다. (이사야 30. 26)

156. 빵과 우유

복지관에서 주관하는 행사가 있었다. 신선한 빵과 우유가 공급되었다. 얼마 후 큰 선거가 치러질 듯했다. 그리고 자리를 옮겨보니, 이번에는 교회에서 행사를 준비하고 있었다. 거기서도 신선한 빵과 우유가 공급되었다.

교회당은 9층 건물이었다. 9층에서 1층까지 쭉 내려오면서 행사에 따른 점검을 했다. 평소 알고 지내는 목사님들과 교인들의 모습이 보였다. 9층에서 1층까지 구원의 선물이 완벽하게 준비된 듯했다. 신선한 빵과 우유는 주님의 오병이어 기적에 의해 주어진 것으로 보였다. (2002. 5. 13)

157. 닭

닭장에 닭을 두고 깜빡 잊고 지냈다. 얼마나 오래됐는지 짐작도 가지 않았다. 닭은 자기 똥을 파헤쳐 먹고, 빗물을 받아먹으며 긴긴 세월을 견딘 듯했다. 닭장을 보니 어떤 건물 옥상에 버려져 있었고, 지붕은 낡아서 구멍이 뚫어져 있었다. 버림받은 닭은 똥으로 뒤덮인 닭장 속에서 저주의 생을 살았다.

나는 그 닭의 주인으로서 염치가 없었다. 닭에게 너무 미안했다. 하찮게 생각하여 잊어버린 것이 닭에게는 너무나 큰 고통으로 다가왔던 것이다. 그 긴긴 세월을 죽지 않고 살아준 것만으로도 너무 고맙고 대견스러웠다.

닭의 몰골을 보니 더욱 마음이 아팠다. 미안한 생각에 내가 할 수 있는 것을 다 해주고 싶었다. 최상의 환경을 제공하여 자유롭고 행복하게 오래오래 살도록 해주고 싶었다. 영양가 풍부한 모이와 깨끗한 물을 주면서 정말 잘 돌봐주고 싶었다.

그래서 우선 닭을 닭장 밖으로 내어놓았다. 그러자 닭은 먹이도 주워 먹고 물도 마시며 오랜만에 자유를 누렸다. 그러나 너무 오랫동안 갇혀 지낸 탓으로 활기찬 모습이 없었다. 모든 것을 체념하고 하루하루 살아가는 모습이었다.

그때 어디선가 수탉 한 마리가 나타나 다정한 친구가 되었다. 먹이를 찾아 주고 외로움을 달래 주었다. 그러자 얼마 후 건강한 알을 낳았다. 그 닭을 통해 내 모습을 보는 것 같아 눈시울이 뜨거웠다. (2002. 5. 21)

그러나 여호와께서는 아직도 너희가 돌아오기를 기다리고 계시며, 너희에게 사랑을 베푸시려고 하신다. 여호와는 의로우신 분이시므로 너희를

불쌍히 여기실 것이다. 그러므로 여호와를 의지하는 자는 복이 있다. (이사
야 30. 18)

158. 일자리

내 일자리가 옮겨지는 것을 보았다. 잠자는 방이 따로 있지 않았다. 일
하다가 거기서 잤다. 공간이 좁아 책상과 서랍이 따로 놓여 있었다. 남의
집에서 더부살이하는 것으로 보였다. 상담실은 공동으로 사용하면 된다고
했다. (2002. 5. 22)

159. 미역국

집도 절도 없이 마냥 떠돌아다니며 살았다. 천막을 빌려 치려고 했으나
그마저 여의치 않았다. 얼마 후 친구와 함께 나무꾼이 되었으나 여전히 생
활이 어려웠다. 친구가 기도하기 시작했다. 나도 따라 기도했다.
그러다가 산에서 내려와 강가에 있었다. 강 건너편 평상에 '병든 용'이 앉

아 투덜거렸다. 우리가 지름길로 이미 강 건너편에 와 있었기 때문이다.

"왜들 미역국을 먹지 않는 거야? 안 먹으면 내가 먹어야지."

그가 미역국을 꾸역꾸역 먹더니 냄비를 들고 우물가로 갔다. 뇌성마비 장애인처럼 몸을 비틀거리며 얼음판을 걸었다. 그냥 보고 있기가 딱하여 가서 부축했다. 바닥이 얼음인 데다가 그의 신발에 바퀴가 달려서 매우 위험했다.

그는 소아마비 장애인으로 최악의 상황이었다. 계속 비틀거리며 넘어지려고 했다. 내가 옆에서 부축하여 겨우 자세를 바로잡는가 싶더니, 조금 전에 먹은 미역국을 토하기 시작했다. 보기에 너무 민망했다.

그리고 얼마 후 내 입속을 청소해야겠다는 생각이 들어 입을 크게 벌리고 거울을 보았다. 입속에 달라붙은 잡다한 기생충들이 흐늘거리며 떨어져 나왔다. 그래서 핀셋으로 하나하나 집어 쓰레기통에 던졌다. 그러자 입속이 한결 개운했다. 주님이 내 입을 깨끗하게 하셨다는 느낌이 들었다. 하나님께 감사드렸다. (2002. 6. 4)

160. 명단

무슨 조직도에 따라 명단이 발표되었다. 행정 김 아무개, 외무 이 아무개, 법무 임 선비 등의 자막이 지나갔다. (2002. 6. 8)

161. 오케스트라

물질의 빚과 육신의 장애로 어려움을 겪으며 몸서리치고 있었다. 그때 어디선가 오케스트라의 장엄한 연주가 울려 퍼지며 주님을 찬양하는 소리가 들렸다. 황홀한 시간이 한참 지속되더니 모두가 한목소리로 화답했다.

"할렐루야! 아멘!"

그리고 오케스트라의 연주가 끝났으나, 얼마나 감동적인지 모두가 몽롱한 상태로 그대로 있었다. 잠시나마 맛본 최고의 평화와 안식이었다. 고통스러운 현실로 돌아가고 싶은 생각이 조금도 없었다.

외출 후 집에 돌아가 보니, 닭장이 허물어진 채 방치되어 있었다. 닭들이 놀고 있는 한쪽 구석에 어미 닭이 병아리 8마리를 품고 있었다. 깃털이 거의 자란 토종 병아리였다. 허물어진 닭장 옆에 둥지를 만들어 주었다. 닭장을 새로 지었으면 하는 생각이 들었으나 손댈 수가 없었다.

어느 회사에 다녔다. 전에 함께 일한 보좌관도 있었다. 여전히 회계업무를 보았다. 그런데 나도 모르게 내 자리가 바뀌어 있었다. 중앙에 있던 자리가 모퉁이로 옮겨졌고, 중령과 소령이 합류하여 새 팀이 만들어졌다.

(2002. 6. 9)

162. 상(床)

포천에 있는 기도원 동굴에서 작은 십자가를 잡고 앉았더니, 상(床) 위에 상을 엎어둔 모습이 보였다. 그러다가 다시 상 하나만 보였다. (2002. 6. 9. 주일)

주여, 일어나 시온을 불쌍히 여겨주십시오. 이제 때가 왔습니다. 시온에 은혜를 베푸실 때가 왔습니다. (시편 102. 13)

163. 골방

자매와 함께 골방으로 들어갔다. 안방에는 아버지가 있었고, 어머니는 밖에서 분주히 일했다. 얼마 뒤 어머니가 가게 문을 닫고 전기 스위치를 내리며 나를 찾았다. 하지만 나는 자매에게 조용히 하라고 하면서 계속 숨어 있었다.

그런데 자매가 내 부모에게 불평불만을 터뜨렸다. 어머니는 우리가 골방에 있다는 사실을 알면서도 모른 척했고, 우리가 아기 보자기를 뒤집어쓰고 있는 것도 못 본 체했다. 자매가 까닭 없이 불평불만을 늘어놓는 것도 잘 알고 있었다. (2002. 6. 13)

164. 샘

어느 강에 시커먼 짐승이 한 마리 살았다. 얼마 뒤 물이 빠지고 바닥이 드러났다. 그런데 그 짐승은 보이지 않고, 샘의 근원만 덩그렇게 남아 있었다. (2002. 6. 14)

나 만군의 주 이스라엘의 하나님이 말한다. "너희는 생활방식과 행실을 고쳐라. 그러면 내가 이곳에서 너희와 함께 머물러 살겠다." (예레미야 7. 3)

165. 큰 구멍

새벽녘에 환상을 보았다. 나지막한 동산이 푸르게 잘 가꾸어져 있었다. 그런데 그 동산 중앙에 구멍이 뻥 뚫어져 있었다. 그 무엇으로도 능히 막지 못할 큰 구멍이었다. 그 속을 들여다보니, 시커먼 것이 끝이 없었다. 게다가 주변의 토사가 그 속으로 계속 떨어져 구멍은 점점 더 커지고 있었다.

"어떻게 저 구멍을 막을 수 있을까? 무엇으로 저 구멍을 메울 수 있을까?"

이렇게 고심하고 있을 때, 갑자기 하늘에서 큰 구조물이 내려와 그 구멍 위에 우뚝 세워졌다. 멀리서 보니 원통형의 컵을 거꾸로 엎어놓은 듯했다. 그러자 그 구멍은 감쪽같이 사라지고 보이지 않았다. 오히려 그 구조물로 인해 동산은 더욱 아름다웠다. 이 세상의 조각가가 아니라 하늘나라의 조각가가 깎아 세운 조형물로 보였다. (2002. 6. 23. 주일)

제7편

죄인의 초대

166. 솔로

2002년 10월 17일, 고양시 오피스텔로 이사하여 다시 솔로의 생활을 시작했다. 때맞춰 주님께서 위로와 격려의 말씀을 주셨다. 무엇보다도 큰 힘이 되었다.

"분명히 너에게 밝은 미래가 있을 것이며, 너의 희망이 끊어지지 않을 것이다." (잠언 23. 18)

167. 쓰레기

쓰레기 더미가 흙탕물 속에서 떠내려가고 있었다. 그 속에 자매도 있었고 나도 있었다. 거대한 물결에 휩싸여 마냥 떠내려가고 있었다. (2002. 12. 12)

168. 똥구멍

내가 돌보는 아이가 2명 있었다. 그런데 말을 듣지 않았다. 어느 날 화가 머리끝까지 치밀어 한 아이를 흙구덩이 속에 처박고 인정사정없이 밟았다. 아이 몸이 만신창이가 되었다. 너무 말을 안 들어 그렇게 했지만, 아이를 보니 너무 애처로웠다. 아이 둘을 안고 세면장으로 가서 얼굴을 씻기며 다시 타일렀다.

"꾀죄죄한 얼굴도 씻고, 코도 풀고, 항상 몸을 깨끗이 해라."

그러자 짓밟힌 아이가 말했다.

"똥구멍이 아파서 코를 풀 수가 없어요."

그 말을 듣고 더욱 안쓰러운 마음이 들었다. 내가 소홀하여 아이에게 병이 생긴 것 같았기 때문이다. 죄책감에 병원으로 데려가려고 했다. 그런데 그 아이가, 하나님 앞에 서 있는 나 자신처럼 보였다. 그래서 더욱 마음이 아팠다. (2002. 12. 16)

169. 조묘

의지할 데 없는 몸을 열차에 싣고 어디를 가고 있었다. 길고 긴 여정에 피로가 겹쳐 잠시 엎드려 졸았더니 어느새 종점이었다. 잠시도 쉬지 않고 정말 바쁘게 달려왔다. 정신을 가다듬고 일어나 보니 예배당이었다. 새벽 예배를 드리고 의자에 엎드려 있다가 꿈을 꾸었던 것이다.

그리고 집에 돌아와 누웠다가 다시 꿈을 꾸었다. 우리 집안이 너무 어수선했다. 귀신을 섬기는 제단까지 있었다. 아버지가 외출하고 돌아와 절을 한 번 하더니 조묘(祖廟)를 치우라고 했다. 그래서 우선 제단 위에 있는 것들을 치우고 바닥에 있는 화분까지 치웠다.

얼마 후 어머니와 동생들이 방에 들어와 보고 의아스럽게 생각했다. 나는 아버지가 조묘를 치우라고 했다는 소식을 전하고 집안 청소까지 했다. 그러자 집안이 한결 넓고 깨끗했다. (2002. 12. 25. 09:00)

170. 송구영신

2003년 1월 1일 0시, 송구영신 예배를 드리며 받은 말씀이다.

"이는 힘으로도 되지 않고, 권세로도 되지 않으며, 오직 내 영으로만 된다." (스가랴 4. 6)

171. 이정표

간밤에 환상을 보았다. 주의 종과 함께 차를 타고 먼 길을 가다가 보니, '송구로 보안림'이라는 이정표가 보였다. '송구로'는 소나무같이 사시사철 푸른 구원의 길이고, '보안림'은 구원받은 사람을 안전하게 보호하는 숲이라는 생각이 들었다.

"그래, 무턱대고 앞으로만 갈 게 아니라 이정표를 따라 옆으로 가자. 그래야 나도 살고 주의 종도 산다. 송구로를 따라 보안림으로 가자!"

그리고 즉각 방향을 바꿔 우회전했다. 그러자 어떤 사람이 '기럇여아림'으로 들어가고 있다는 사실을 들어 우리를 책망했다. '기럇여아림'은 하나님의 법궤가 20년간 머문 곳이다.

그 길은 마치 대나무처럼 마디를 만들며 갔다. 조금 가다가 멈칫하고, 또 조금 가다가 멈칫했다. 그럴 때마다 마디를 만들고, 또 마디를 만들었다. 순탄하게 지나가는 길이 한 번도 없었다. 계속해서 멈칫하고, 그럴 때마다 마디를 만들며, 쉼 없이 조금씩 올라갔다. 정말 힘든 고난의 길이었다. 우측 길로 들어선 내가 우둔하게 보였다. 책망을 받기에 합당한 것처럼 느껴졌다. 하지만 한 가지, 그렇게 가면서 만들어진 길은 촘촘히 다져진 마디마디로 인해 허물어질 염려가 없었다. 난공불락의 요새처럼 매우 강하고 튼튼했다. (2003. 1. 9)

172. 우리 집

식구들과 함께 황량한 들판에서 새우잠을 잤다. 이른 새벽에 바람이 세차게 휘몰아치면서 비가 내렸다. 모두 일어나 우리 집을 향해 걸어갔다. 그때 나는 양복을 입고 성경책을 들었다. 그런데 왠지 비바람을 맞으면서도 기분이 상쾌했다.

날이 새기 전 어둑새벽이었다. 희미한 불빛이 새어 나오는 집들이 늘어선 골목길을 따라 걸었다. 두 팔을 벌려 휘몰아치는 비바람을 한껏 맞으며, 힘차게 찬송가를 부르며 앞으로 나아갔다. 내 양복은 비에 흠뻑 젖었다.

"나 같은 죄인 살리신 주 은혜 놀라와, 잃었던 생명 찾았고 광명을 얻었네.

Amazing grace how sweet the sound, that saved a wretch like me. I once was lost but now I'm found, was blind but now I see."

양옆 집에서 새어 나오는 희미한 불빛을 길잡이 삼아, 성경책을 들고 찬송가를 부르며, 새로 이사한 우리 집을 향해 계속 걸어갔다. 이윽고 우리 집에 도착했다. 우리 가족 몇이 오래전에 죽은 '동녘의 구름'을 떠나보내고 있었다. 마당에 전등이 켜져서 대낮처럼 밝았다.

내 형제와 자매들이 분주히 오가고 있었다. 내가 타던 검은 승용차도 마당에 세워져 있었다. 그런데 그 차가 눈 깜빡할 사이에 사라지더니, 형제와 자매들도 순식간에 보이지 않았다. 전등의 불빛만 마당을 환히 비추고 있었다. (2003. 1. 14. 00:48)

173. 평화

차를 몰고 비탈진 고갯길을 올라가고 있었다. 그런데 거의 다 올라가 힘에 부쳐 뒤로 미끄러졌다. 가파른 언덕길에다 눈까지 쌓여 정상을 코앞에 두고 뒷걸음질을 쳤다. 부득이 차를 우측 법면에 바짝 붙이고 잠시 숨을 돌렸다.

그때 고갯마루에서 빨간 스포츠카가 머리를 불쑥 내밀더니 쏜살같이 내려왔다. 급브레이크를 밟는 듯했으나 워낙 가파른 내리막길에다가 눈까지 얼어붙어 정지할 수가 없었다. 모르긴 해도, 얼마 못 가서 사고가 났을 것으로 짐작되었다.

그리고 차에서 내려 주변을 살펴보다가 하나님께 감사를 드렸다. 차가 곧장 정상으로 올라가지 못하고 미끄러진 것이 하나님의 뜻이었기 때문이다. 그냥 순탄하게 고갯마루로 올라갔다면, 맞은편에서 쏜살같이 올라오던 그 스포츠카와 여지없이 충돌했을 것이라는 생각이 들었다.

그리고 길 가운데 눈이 없는 곳으로 차를 몰아 가뿐히 고갯마루에 올라섰다. 산 정상에는 작지만 아늑하고 평화로운 도시가 있었다. 거기서 머리를 깎으려고 이발소를 찾았다. 약간 높은 언덕에 이발소를 상징하는 네온이 돌아가고 있었다. 그곳은 따뜻한 남향으로 눈이 없었다. 길까지 산뜻하여 기분이 좋았다.

그때 길옆에서 사람들을 모아놓고 불평불만을 토로하는 사람이 있었다. 연신 담배를 뻐금뻐금 빨아 대며 주의 종들을 비판하고 있었다. 그런데 공교롭게도 나도 담배를 들고 있었다. 부끄러운 생각이 들어 얼른 길가에 던져버렸다. 그가 나까지 책망할까 싶어 두려웠다. 하지만 그는 아는지 모르는지, 내가 들고 있던 담배에 대해서는 아무 말도 하지 않았다. 반면 주의 종들에 대한 책망은 계속했다.

얼마 후 그곳 언덕에 있는 교회당으로 올라갔다. 거기서 장로님을 만나 일러주었다.

"이번 행사에 설교를 맡은 목사님의 도착시각이 9시에서 10시쯤 됩니다. 그러니 조금 늦더라도 초청한 목사님이 도착하는 대로 행사를 시작하는 것이 좋겠습니다."

그러자 장로님이 흔쾌히 승낙했다. 그때 옆에 있던 부목사가 말했다.

"교회 행사는 본 교회 담임목사님이 직접 주관하시는 게 좋을 듯합니다."

그 말을 듣는 순간, 더없이 맑고 푸른 하늘에서 그윽한 평화가 내려오는 듯했다. (2003. 1. 14. 04:20)

174. 회복

어떤 젊은이가 있었다. 적어도 2번 이상 배신한 전력이 있었다. 주님의 긍휼로 회개하며 조용히 살았다. 그는 한껏 기가 죽어 있었고 아무 말도 하지 못했다. 이름도 없이 빛도 없이, 주어지는 일만 열심히 하며 속죄하는 마음으로 살았다.

어느 날 손님이 찾아왔다. 그는 권력 기관의 핵심 간부로서, 일선 공무원들이 그의 말을 들을 수밖에 없는 위치에 있었다. 기를 펴지 못하고 살아가던 그 사람도, 사실은 권력 기관의 중견 간부였다. 하지만 지난 과오로 인해 고개를 들지 못하고 살아갈 뿐이었다.

그가 그 사람을 위로한 뒤, 이제까지 감시를 받으며 살던 속박에서 풀어주는 듯했다. 그때 그가 왜 그리 측은해 보이는지, 그에게 자신감을 심어주고 권위를 부여하여, 다시 일할 기회를 주었으면 하는 생각이 간절했다.

아닌 게 아니라, 그가 그 사람을 관공서로 데리고 가더니, 그에게 묶여 있는 전과 기록을 모두 말소해 주었다. 한동안 그에게 꼬리표처럼 따라다니던 모든 족쇄가 행정적으로 풀렸다. 그의 신분이 회복되어 죄수의 의복이 벗겨지고, 권위와 명예가 회복되었다.

그래서 그도 권력 기관의 중견 간부로서 떳떳하게 살아가게 되었다. 그의 회복을 보고, 내가 회복을 받은 양 깊은 감명을 받았다. (2003. 1. 19. 01:11)

175. 동산

내 아버지와 '형통한 권세'라는 아버지의 친구가 거칠고 험한 동산을 개간하고 있었다. 그들의 감독하에 동산의 나무가 베어지고, 도로가 포장되고, 샘이 만들어졌다. 동산에 널리 퍼져 있는 아카시아 뿌리와 기타 초목의 성장을 방해하는 쓴 뿌리가 모두 제거되었다. 그리고 인부들과 함께 집으로 돌아갔다. 어머니는 그들의 식사를 준비하느라 분주했다.

얼마 후 우리 집에 아버지와 아버지의 친구들, 인부들, 이웃 사람들이 모여 북적거렸다. 조성된 동산에 길이 잘 포장되었고, 산등성이에 2층 또는

3층짜리 전원주택이 옹기종기 자리를 잡았다. 다만 식수가 넉넉지 못한 듯했다. 그래서 사람들이 최대한 물을 아껴 썼다. (2003. 1. 24. 01:45)

176. 불안정

2003년 5월 3일, 고양시 탄현동에서 일산 신도시로 이사했다. 집도, 교회도, 자동차도 모두 불안정했다. 어느 것 하나도 안정된 것이 없었다. 몸도 마음도 불안정하기는 마찬가지였다. 목숨이 붙어 있어 살아 있었을 뿐이지, 그야말로 모든 것이 뒤틀리고 꼬여서 어렵기만 했다. (2003. 5. 3)

177. 죽음

욥기를 읽다가 잠이 들었다. 그런데 이상한 말씀이 보였다.
"임관도 죽었고, 임충도 죽었다!"
임관은 내 직분을 말하고, 임충은 내 마음을 뜻하는 것 같았다. 그래서 몸과 마음이 편치 않았다. (2003. 5. 7)

178. 전도

새벽예배를 마치고 묵상하다가 환상을 보았다. 미아리 고개와 비슷한, 다소 경사가 심한 어느 고갯길 옆에 오두막집이 있었다. 집안 세간을 살펴보니, 바로 내가 사는 집이었다. 나는 거기서 날마다 주님의 도움을 구하고 있었다. 그러니까 내가 사는 집을 예배당으로 사용하는 듯했다.

어느 날 그곳을 지나던 한 청년이 들어와 물었다.

"지나가다가 보니 무엇인가 간절히 구하기에 잠시 들렀습니다. 무슨 사연인지 들려주실 수 있는지요?"

그때 나는 그가 그리스도인이 아니라면 먼저 전도해야 한다는 생각이 들어 되물었다.

"교회에 나가시는지요?"

"아니요."

"그러면 혹시 예수님에 대해 들어보신 적이 있는지요?"

"예, 있어요."

이렇게 몇 차례 질문과 답변을 주고받은 뒤, 예수 그리스도에 대해 설명하기 시작했다. 사람은 누구나 구세주가 필요하며, 하나님과 같은 모습으로 지음을 받았는바, 반드시 하나님을 모시고 살아야 한다는 사실을 전했다.

그러자 그가 예수 그리스도를 믿겠다고 다짐하며 길을 떠났다. (2003. 5. 8)

179. 가재

가재 한 마리가 모래사장을 지나가고 있었다. 몸은 작고 모래는 깊어 허우적거리며 힘들어하다가, 수초가 우거진 개울로 미끄러져 들어갔다. 그런데 거기 무슨 공사를 하는 듯했다. 자연이 파괴되고 환경이 오염되어 가재가 살기에 적당치 않았다.

다행히 그 아래쪽에 자연 상태의 큰 강이 있었다. 그 강은 가재가 살기에 안성맞춤이었다. 서둘러 아래로 내려가기를 바랐으나, 가재가 너무 많이 지친 상태라서 걱정이 되었다. (2003. 5. 9. 05:40)

180. 잔치국수

큰 그릇에 삶은 계란 반쪽이 들어 있었다. 그 계란에서 국수가 나오기 시작하더니 한 그릇 가득히 채워졌다. 거기 육수를 붓자 먹음직스러운 잔치국수가 되었다. (2003. 5. 15)

181. 과속

갈 길은 멀고 마음은 바빠서 차를 몰고 과속으로 달렸다. 어느 순간 길이 험하고 좁아지더니, 오토바이로 바꿔 타고 있었다. 내 마음은 여전히 조급하여 이리저리 서두르다가, 다시 자전거로 바꿔 타고 페달을 밟았다. 그렇게 한참 가다가 보니, 높은 절벽 난간을 아슬아슬하게 달리고 있었다.

그런데 바로 앞에 90도 각도로 꺾어진 급커브길이 나타났다. 속도를 줄일 시간적 여유가 없었다. 브레이크를 잡았으나 소용이 없었다. 까마득한 낭떠러지 아래로 떨어지고 말았다.

그때 나는 죽었는가 싶어 보았더니, 열기구를 타고 하늘을 날아가고 있었다. 아래쪽에 끝없이 펼쳐진 망망대해가 보였다. (2003. 5. 16)

182. 동사리

일찍이 너럭바위 위에 옷을 벗어두고, 강 속에서 침례를 받은 적이 있다. 그 물이 어찌나 깨끗하던지 거울을 보는 듯했다. 실오라기 하나 걸치지 않은 알몸으로 물속에 잠겨 있었다. 강 건너편 아래쪽에 아낙네들이 빨래하고 있었으며, 강변의 모든 것이 천상의 언어로 하나님을 찬양했다.

바로 그 반석 위에 내가 다시 서 있었다. 어떤 사람이 창을 들고 물속으로 미끄러져 들어가더니, 물고기 한 마리를 잡아 내 앞에 던졌다. 그리고 다시 한 마리를 던졌다. 이어서 또 한 마리를 잡아 던졌다. 그 세 번째 고기는 '뚝지'라는 '동사리'였다. 세상에서 둘도 없을 정도로 컸다. (2003. 7. 6. 주일)

183. 손

어느 곳에 갔더니 어떤 사람이 일자리를 마련해 주었다. 그런데 내가 앉을 자리가 없었다. 여기저기 둘러보다가 손으로 탁자를 휙 돌렸더니 자리가 생겼다. 거기서 똥 푸는 일을 맡아 두 번 정도 펐다. 힘들거나 싫지가 않았다.

얼마 후 단체장 여비서가 와서 무슨 증명서를 받아가려고 했다. 그러자 나와 함께 있던 아버지가 먼저 시험을 치르고 나서 주라고 했다. 그런데 그 시험이 이상했다. 아버지는 나를 향해 총을 쏘고, 나는 세 번에 걸쳐 총알을 막아내는 것이었다.

그래서 아버지와 나는 조금씩 떨어져 자세를 취했다. 이윽고 아버지가 내게 총을 쏘았다. 나는 아무 장비도 없이 두 손으로 총알을 막아내는 데 성공했다. 그때 내 손이 부채처럼 크게 보였다. 여비서는 옆에서 지켜보고 있었다. 나는 아직도 두 번의 시험을 더 치러야 했다. 하지만 시험은 더 이상 진행되지 않았다.

어느 날 어미 사슴이 새끼를 낳고 있었다. 내 손으로 두 마리를 받았다.

태반과 똥과 찌꺼기가 한꺼번에 쏟아져 나왔다. 어미 사슴의 몸은 깨끗했으나 내 손은 더러워져 씻어야 했다. (2003. 7. 9)

184. 악수

어떤 사람이 죽어서 무덤에 장사되었다. 믿는 자매 하나가 다가와 무덤을 향해 손을 뻗치자, 무덤 위에서 멈춘 시곗바늘이 다시 돌기 시작했다. 그때 어떤 분이 말했다.

"365가 되도록 계속 돌려라!"

그 자매가 더욱 힘을 발해 믿음으로 시곗바늘을 돌렸다. 시계는 아주 빠른 속도로 365까지 돌아갔다. 그러자 무덤에서 잠자던 사람이 일어났다. 그때 그분이 나를 보고 말했다.

"너는 왜 하지 못하느냐?"

어느 야영장에서 일하다가 보니 손이 더러워져 수돗가에 가서 씻었다. 그때 여자 동창생 5명이 다가와 악수를 청했다. 먼저 '영원한 청결'이라는 친구와 악수했다. 그런데 그 손에 시궁창 속의 오물이 묻어 있었다. 그래서 내 손에 그 오물이 옮겨 묻었다.

그때 나머지 친구 4명을 보았더니 그들의 손에도 똑같은 오물이 묻어 있었다. 누군가 1명에 의해 옮긴 것으로 보였다.

"쟤들도 나처럼 악수를 했구나." (2003. 7. 22)

185. 의무병

해병대 군복을 입고 의무병으로 근무했다. 진급자 명단을 받아보니, 7명의 장군 승진 대상자에 나도 들어 있었다. 얼마 후 진급자들이 일렬로 서서 대기했다. 하지만 계급장을 달아 줄 사람이 나타나지 않아 하염없이 기다렸다.

그리고 약 5년 동안 한직으로 돌다가, VIP 표창을 받게 되었다는 통보를 받고 크게 기뻐했다. 그리고 의과 대학에 들어가 다시 공부했다. 열심히 강의도 듣고 시험도 보았다. (2003. 7. 23)

186. 토지

어느 관공서에 토지거래허가 신청서를 제출했더니 2건이 동시에 나왔다. 그런데 대통령이 그 토지에 대해 깊은 관심을 보였다. (2003. 7. 30)

187. 종자

새벽에 학개 2장 19절 말씀으로 위로를 받았다.

"곳간에 종자가 아직도 남아 있느냐? 이제까지 포도나무, 무화과나무, 석류나무, 감람나무가 열매를 맺지 못했으나, 오늘부터 내가 복을 내리겠다." (2003. 8. 2)

188. 이랑

소 몰고 밭을 가는 농부와 김매는 아낙네들이 보였다. 마지막 두 이랑을 남겨놓고 있었다. 그것은 내게 주어진 몫으로 보였다. 반 이랑은 이미 싹이 나서 아낙네들이 싹을 솎아내고 있었으며, 반 이랑은 이제 막 씨를 뿌려놓았다. 다른 반 이랑은 고랑만 타 놓았고, 나머지 반은 고랑도 타지 않았다.

얼마 후 집에 돌아가 보니, 아버지가 '미래 형통'이라는 아버지의 친구와 식사를 하고 있었다. 그래서 식사가 끝나는 대로 일을 마쳐달라고 했더니, 식사를 마치고 곧장 밭으로 나갔다.

작업복을 벗고 샤워를 하려고 했더니, 딸아이가 용변을 보고 있어 잠시 기다렸다. 딸아이가 나온 후 변기에 앉았더니, 외국인 손님이 찾아와 '드골 차'가 있느냐고 물었다. 그래서 밖으로 나가 없다고 했다.

어느 날 동생이 키가 작고 몸매가 다부진 아가씨 하나를 데리고 왔다.

아가씨가 매우 활기차고 명랑했다. 그런데 다른 사람의 연인과 바뀐 것이 아닌가 싶어 걱정되었다. 그때 아가씨가 다가와 내 어깨에 손을 얹고 격려하며 친절을 베풀었다.

그러자 동생과 그 친구들이 아가씨를 내게 주면 어떠냐고 물었다. 그 말을 들은 나는 어처구니가 없어 헛웃음이 터져 나왔다.

"나는 지천명이고 아가씨는 방년이니, 어찌 가당치나 하겠는가?" (2003. 8. 4)

189. 거미

버스를 타고 어디를 가고 있었다. 길도 험한 데다 기사가 난폭운전까지 해서 차가 요동을 쳤다. 하지만 목적지까지 무사히 갈 수 있었다.

얼마 후 다시 버스를 타고 떠났다. 기사의 난폭운전은 없었으나 길이 더욱 험했다. 급커브에다 움푹 파인 웅덩이가 많아서 운전자가 힘들었다. 그때 기사 옆에 있던 사람이 핸들을 잡고 브레이크를 밟아주는 등 운전을 도와주었다. 그래서 아무 탈 없이 목적지에 도착할 수 있었다.

어제 아침, 새벽기도를 마치고 옥상공원에 올라갔다. 바로 옆 풀숲에 거미줄이 쳐져 있었고, 거미줄에 방아깨비가 걸려 있었다. 방아깨비는 기진맥진하여 죽은 것 같았다. 불쌍한 생각이 들어 거미줄에서 떼어 주었다. 그리고 거미줄을 걷어버렸다.

그리고 오늘 아침에 보니, 그 자리에 또 거미줄이 쳐져 있었고, 어제 본 그 방아깨비가 또 걸려 있었다. 그리고 바로 옆에 거미가 도사리고 있었다. 위험하다는 생각이 들어 다시 거미줄을 걷었더니 거미는 도망을 쳤고 방아깨비는 풀숲 속으로 달아났다.

거미가 더 이상 줄을 치지 못하게 주변의 풀들을 모두 짓밟아 뭉개 버렸다. 그리고 옥상에서 내려가려는데, 내 발 바로 옆에 그 거미가 웅크리고 있었다. 마른 갈대를 꺾어 살며시 갖다 댔더니 쉽게 올라탔다. 그래서 건물 밖으로 멀리 던져버렸다. (2003. 8. 9)

190. 사업

'선한 영'이 와서 무슨 사업에 대해 문의하기로 알아보니 이미 종결된 건이었다. '원래 선'이 옆에서 지켜보다가 그 사업이 종결되었음을 확인해 주었다. 장부를 보니 잔액이 3억 5000만 원 발생했으나, 다른 사업으로 3억 3000만 원 전환되고, 2000만 원이 불용액으로 처리되었다.

그 사업에 대한 내역을 '병든 선'이 이미 확인해 갔다고 했더니, '선한 영'이 흡족히 여기며 코끼리 같은 통나무 하나와 컴퓨터 같은 통나무를 선물로 주고 갔다. 예술적 가치가 있어 보였다.

그리고 '낮은 영'이 와서 큰 TV 하나와 작은 TV 하나를 구매 의뢰하고 돌아갔다. 그때 '큰 그릇'이 와서 그 사업에 대해 또 문의하기에 잠시만 기다리라고 했다. (2003. 8. 11)

191. 이사

작고 허름한 구옥에 우리 가족이 살았다. 왼쪽 방은 나와 아이들이, 오른쪽 방은 부모님이 사용했다. 가운데 방은 부엌이었다. 어느 날 이사를 준비하고 있었다. 그때 엄청난 폭우가 쏟아지더니 우리 방에 비가 샜다. 처음에는 몇 방울만 떨어지더니 나중에는 대야로 퍼내듯이 하였다.

어머니가 우리 방으로 건너와 춥지 않느냐고 물었다. 우리는 괜찮다고 했다. 그때 창밖을 보니 여전히 많은 비가 쏟아지고 있었다. 그야말로 억수같이 퍼부어 한 치 앞도 보이지 않았다.

얼마 후 비가 그치는가 싶어 다시 밖을 내다보니, 언제 밖으로 나갔는지 아버지가 진흙 덩어리를 뭉쳐 들어오고 있었다. 그것으로 비가 새는 곳을 막으려는 듯했다. 아버지 뒤쪽으로 시커먼 먹구름이 물러가고, 밝은 태양이 비치며 날씨가 화창하게 개고 있었다.

그 후 우리는 이사를 마치고 잔치를 베풀었다. 음식을 마련하여 일가친척과 친지들을 초대했다. 이사한 집은 본채와 창고, 헛간이 있었다. 집 앞에 고추밭으로 사용하는 텃밭도 있었고, 마당 가운데 채소밭도 있어 터가 꽤 넓어 보였다. (2003. 8. 23)

192. 통나무

옆집에 사는 두 사람이 통나무를 패고 있었다. 그 나무는 껍질이 벗겨져 반질반질했고, 많은 풍파를 겪은 듯 닳고 닳은 모습이었다. 공이와 가지, 비틀린 근육질, 단단한 나뭇결로 인해 쪼개기가 쉽지 않을 것 같았다.

그러나 정을 박고 해머로 내려치기를 반복하자, 그 질긴 통나무도 결국 두 쪽으로 쪼개졌다. 그리고 공이와 가지를 잘라 내자 질 좋은 장작이 되었다.

어떤 감독과 길을 가다가 보니 면세품이 필요했다. 그때 한 귀인이 나타나 티켓을 주었다. 그 티켓으로 면세품을 사려고 했더니, 감독이 그냥 집에 돌아가 있으라고 했다. (2003. 9. 1)

193. 보따리

무슨 보따리 하나가 4겹으로 포장되어 있었다. 어떻게 풀지 고심하던 차, 어떤 사람이 나타나 1겹, 2겹, 3겹을 쉽게 벗겨냈다. 그리고 잠시 주저하다가 마지막 4겹까지 풀었다.

어느 시골집에 들어가 보니, 자매와 아이들이 살고 있었다. 한 방을 보니 1면은 예배당으로 출입하는 문이 있어 편리했으나, 나머지 3면은 문이 없어 답답했다. 그리고 미닫이문을 열고 옆방을 보니, 다소 좁기는 했으나 예배를 위한 의자가 가지런히 놓여 있었다.

이어서 뒷문을 열어보니, 방구들 아래 시커먼 수챗물이 가득 고여 있었다. 그런데 다시 보니, 썩은 물이 빠져나가고 바닥이 드러나 있었다. 자세히 보니 화장실 정화조 같았다.

또 뒤뜰을 돌아 옆으로 가보니, 구석방에 달린 문짝이 뒤틀려 있었다. 그 틈새가 너무 커서 엄지손가락만 한 막대기를 끼워 겨우 문을 고정했다. 그때 집주인으로 보이는 사람이 나타나 집세 1000만 원을 올려달라고 했다. 그리고 그런 돈이 어디 있겠느냐고 하면서, 이자조로 월세를 내는 것이 어떠냐고 물었다.

주인은 시종일관 웃으며 여유롭게 말했으나 나는 난감하기 짝이 없었다. 그럴 만한 형편도 못 되었지만, 우선 집이 마음에 들지 않았다. 하지만 아이들과 자매가 이미 그 집에 살고 있었는바 정말 난감했다. (2003. 9. 7)

194. 마른 나무

볼품없이 말라비틀어진 앙상한 나무가 보였다. 그런데 그 가지에 눈이 생기더니 금방 생기가 돌기 시작했다. 순식간에 모든 가지로 눈이 옮겨갔다. 그러자 마른 가지에 움이 돋고 순이 나왔으며, 나무 전체가 싱그럽고 무성한 잎으로 덮였다. 나무는 언제 마른 적이 있었느냐는 듯이, 녹음이

우거진 상태로 완전히 회복되었다. (2003. 9. 16)

195. 막대기

    왼손에 막대기를 잡고, 오른손으로 고리를 계속 꽂아 넣었다. 더 이상 꽂을 수 없을 만큼 끼워 넣었다. 막대기 길이만큼 고리가 가득 찼다. 그런데 고리가 남아 있었다. 버리거나 그냥 둘 수 없었다. 어떻게든 더 끼워보려고 애썼지만 들어갈 리 만무했다.

    그때 막대기를 놓아도 넘어지지 않을 것이라는 믿음이 생겼다. 그 믿음으로 막대기를 놓았다. 막대기가 허공에 세워졌다. 얼마든지 고리를 꽂을 수가 있었다. 꽂으면 꽂는 만큼 아래로 빠져나갔고, 빠져나간 고리는 바닥에 차곡차곡 쌓였다. (2003. 9. 17)

196. 두 청년

    3명이 나란히 걸어가고 있었다. 내가 가운데서 걸었다. 얼마쯤 가다가 보니, 내 양편 2명에게 사람들이 우르르 몰려왔다. 사람들이 2줄로 서 있다가 보란 듯이 2명에게 달려갔다. 그들은 모두 어른이었다.

나만 고립무원이 되었는가 싶어 주변을 둘러보았더니, 그들 가운데 아직 2명이 남아 있었다. 그들은 청년이었다. 그들이 조용히 다가와 내 팔을 잡고 양쪽에서 나를 따랐다. 얼마나 귀하고 반가운 사람들인지, 내 입에서 감사와 찬양이 절로 우러나왔다.

"할렐루야! 주님을 찬양합니다. 정말 감사합니다!" (2003. 9. 25)

197. 구렁텅이

무슨 구렁텅이에서 빠져나오기 위해 애쓰고 있었다. 바지에 달라붙은 도꼬마리 가시가 나를 더욱 귀찮게 했다. 모든 것이 힘에 버거웠다. 누군가의 도움이 없으면 거기서 벗어나기 힘들 것 같았다. 그래서 간절한 마음으로 빌고 또 빌었다. 하지만 나를 도와줄 사람은 끝내 나타나지 않았다. (2003. 10. 7)

198. 마른 뼈

바싹 마른 뼈와 나뭇가지가 주변에 널려 있다가 순식간에 온데간데없이 사라지고, 그 자리에 모래만 보였다. 삭막한 사막처럼 느껴졌다. 모래 위에 작은 개미들이 오가고 있었다. 모래 가운데 개미지옥이 있었고, 개미귀신이 그 속에 도사리고 있었다.

그때 사라진 마른 뼈와 나뭇가지가 모래 속에서 삐죽삐죽 솟아 나왔다. 자세히 보니 새까맣게 타서 숯덩이가 되었다. 순간 맥없이 픽 쓰러지더니, 산산이 부서져 흩날렸다. (2003. 10. 9)

199. 안락사

내 생명이 경각에 달려 있었고, 나는 선택의 기로에 서 있었다. 주사를 한 방 맞고 편하게 안락사할 것인가, 아니면 힘들게 서서히 죽을 것인가를 두고 양자택일할 수밖에 없었다. 나는 안락사를 택했다.

주사를 맞고 3시간 후면 잠자듯이 죽는다고 했다. 그런데 그동안 내 마음은 편치 않을 것 같았다. 3시간 동안 무엇을 생각하며 어떻게 마지막 순간을 맞을지, 정말 무의미한 걱정거리에 사로잡혔다.

어느 행사에 참석하여 장애인들의 장기자랑을 보았다. 시각, 청각, 언어,

지체, 지적 장애인 단체장의 모습도 보였다. 그때 지체 장애인 단체장이 불러서 갔더니, 9월 2일부터 3일간 치러지는 대전 행사에 참석하라고 했다.

그렇게 하겠다고 대답하고 돌아와 보니, 그 사이에 어떤 사람이 내 자리를 차지하고 있었다. 그래서 무대에서 멀리 떨어져 있는 빈자리에 가서 앉았다. (2003. 10. 17)

200. 행복

내 힘으로나 능으로가 아니라, 오직 하나님의 은혜와 사랑으로 모든 문제가 해결된다는 사실을 알았다. 그것이 어떻게 해결되는지 자세히 알 수는 없었으나, 조용히 다가와 살며시 해결되었다. 그때 내 마음속에서 평화와 기쁨이 살포시 일어났다.

시원한 화채를 앞에 두고 어린 '꿀벌'과 함께 있었다. 화채 속에서 파란 오이 조각을 건져 '꿀벌'에게 주었더니 받아먹었다. 그때 내가 느낀 감정은 참으로 행복하다는 것이었다. 천진난만한 '꿀벌'은 천사 같았으며, 그렇게 예쁘고 사랑스러운 모습은 일찍이 보지 못했다.

"오, 주여! 여기가 바로 천국이요, 낙원입니다. 할렐루야! 아멘." (2003. 10. 19)

201. 땅

17만 원짜리 땅을 750만 원에 샀다. 더군다나 사람이 사는 집이 아니라 동물의 우리였다.

"아차, 내가 또 실수를!"

그러고 보니 4필지 땅이 가지런히 일단지로 조성되어 있었고, 그 중에서 3번째가 내가 산 땅이었다. 1번째 땅은 외양간이었고, 2번째 땅은 돼지우리였다. 3번째와 4번째는 소와 돼지를 함께 키우는 축사였다. 그것도 오랫동안 방치하여 쓸모가 없었다. 허탈한 마음으로 그곳을 빠져나왔다.

그리고 얼마 후 들렀더니, 1번째와 2번째 땅에 큰 슈퍼가 들어섰고, 3번째 땅의 절반은 도로로, 절반은 슈퍼 창고로 사용했다. 4번째 땅은 공터였으나 바로 뒤에 구둣가게가 있었다. 하지만 앞에서 보면 구두가 보이지 않았다.

다시 얼마 지나서 가 보니, 3번째 토지와 4번째 토지가 한꺼번에 공매에 넘겨졌고, 감정가는 필지별로 7,500만 원을 상회한다고 했다. (2003. 10. 20)

202. 방해

예전에 근무한 직장으로 발령이 나서 다시 들어가 일하게 되었다. 나를 비롯하여 3명이 동시에 발령을 받았다. 나보다 직급이 높은 여직원은 '원인

행위 담당', 다른 직원은 '예산 담당', 나는 '법무 담당'이었다.

내가 받은 보직이 전문직이고 좋은 자리였다. 그래서 여직원에게 양보하고, 나는 여직원의 보직을 받아 묵은 서류를 정리하고 인수인계를 마쳤다. 그런데 퇴근 시간이 지났으나 퇴근할 생각은 하지 않고 다들 얼쩡거렸다. 여직원이 퇴근하자고 하였으나 눈치만 보았다.

나는 혼자라도 퇴근하려고 서류를 정리한 뒤 화장실을 다녀왔다. 그사이 상급자가 와서 나를 기다리고 있었다. 3개 사업의 예산이 떨어졌으니 사업 담당에게 확인을 받아달라는 것이었다.

그래서 장부를 펼쳐 보니, 한 사업에 4억 내지 5억 정도 배정되었으나 난감하기 짝이 없었다. 그에 따른 예산이 세부적으로 어떻게 나뉘었는지, 또 사업 담당이 누구인지 파악이 안 된 상태였기 때문이다.

다른 방법이 없었다. 퇴근 시간이 지났으니 내일 하자고 했다. 평소 스타일과 사뭇 다른 결정이었다. 그때 사업 담당 여직원이 찾아와 3개 사업 가운데 하나에 사인을 했다. 그러자 그 상급자가 이렇게 확인만 받아주면 된다고 했다.

그리고 아침에 일어나자 'disturbance'라는 말이 자꾸 내 입에서 튀어나왔다. 나도 이상하게 생각했다. 그 뜻을 찾아보니 '방해', '교란', '장애', '불안' 등이었다. 그래서 그런지 하루 종일 근심, 걱정, 불안, 초조에 휩싸인 일과를 보냈다. (2003. 10. 27)

203. 나라

　이른 아침에 'ago summer'라는 말이 자꾸 내 입에서 튀어나왔다. '지난 여름'이라는 뜻인지, 아니면 '여름 전에'라는 뜻인지, 또 문법적으로 맞는지 불명확했다.

　그리고 찌그러진 '國(나라 국)' 자가 반듯한 '國' 자로 바뀌는 모습이 2번 보였다. 하지만 그것이 무엇을 의미하는지 몰랐다. (2003. 10. 31)

204. 장교

　오늘도 '할렐루야!'를 3번 부르며 자리에서 일어났다. 하나님 아버지께서 특별한 계시를 주셨기 때문이다.

　왼쪽 어깨에 가방을 메고, 오른손에 지팡이를 잡고, 왼손에 바구니를 들고 강을 건넜다. 물살이 센 오른쪽에 낭떠러지가 있었다. 그때 현기증이 일어나 잠시 비틀거렸더니, 내 뒤를 따르는 젊은 장교가 조심하라고 하면서 붙잡아 주었다.

　그래서 무사히 강을 건넜다. 산으로 올라가는 길이 있었다. 산비탈을 오르자니 짐이 부담이 되었다. 위쪽에 '받아들임' 친구가 먼저 올라가 있었다. 그에게 짐을 건네주고, 왼손으로 나뭇가지를 잡고 올라갔다. 장교는 이것저것 묻기도 하며, 내 뒤를 계속 따라오고 있었다.

길 위에 올라선 나는 다시 가방을 메고, 바구니를 들고, 지팡이를 잡고 길을 떠났다. 길이 넓어 자동차가 다닐 수 있었고, 내리막길이라 한결 수월했다. 그 장교는 여전히 나를 따르며 말동무가 되었다. (2003. 11. 2)

205. 보호막

창세기의 요셉 이야기를 읽고 있었다. 1970년대 초반부터 7년간 나를 위해 기도하신 목사님이 생각나 눈물이 펑펑 쏟아졌다. 새벽예배를 드릴 때마다 참석한 성도들의 이름을 일일이 부르며 기도하셨다. 나를 위해서는 요셉과 같은 사람이 되게 해달라고 하셨다.

새벽에 눈을 감고 기도하다가 보니, 검은 기운이 땅에서 올라와 나를 향해 다가왔다. 하지만 나를 둘러싼 투명 보호막이 있어 그 기운의 침투를 막았다. 안심하고 있다가 잠시 뒤에 보니, 그 기운이 요동을 치며 보호막을 뚫는 모습이 보였다. 하지만 어림도 없었다. 기운이 다 빠졌는지 흐물흐물한 게 맥이 없었다. 그러다가 물이 되어 스르르 녹아버렸다.

그때 가는 실 같은 것이 나왔다. 그게 그 기운의 마지막 혼으로 보였다. 이제 더 이상 힘을 쓰지 못할 것으로 보였다. 아닌 게 아니라 그것이 벽에 부딪히더니 연기처럼 사라지고 말았다. (2003. 11. 3)

206. 초상집

대형버스를 몰고 초상집에 도착했다. 차를 돌려 세우려고 했으나 그럴 공간이 없었다. 그때 상갓집의 친척으로 보이는 젊은 부부가 버스에 올라탔다. 더욱 부담이 되었다. 다른 방법이 없었다. 조금씩 전진하고 후진하면서 차를 돌릴 수밖에 없었다.

그때 버스가 단번에 180도로 회전하더니, 수월하게 주차장 옆으로 세워졌다. 그래서 잠시 여유가 생겼다. 차에서 내려 초상집에 들어가 보았다. 아는 사람이 하나도 없었다. 분위기가 썰렁해 다시 나왔다. (2003. 11. 8)

207. 가시넝쿨

온갖 새들이 한꺼번에 죽었다가 다시 살아나는 모습이 보였다. 그 가운데 까치 새끼도 있었다. 어린 까치는 부리가 제대로 자라지 않아 물렁물렁했다. 하지만 먹이를 쪼아 먹기에는 큰 지장이 없어 보였다. 아닌 게 아니라 까치 새끼는 무엇이나 잘 주워 먹고 건강하게 빨리 자랐다. 부리도 금방 튼튼해질 듯했다.

그리고 내 주변에 가시넝쿨이 널려 있었다. 도저히 풀 수 없을 정도로 얽히고설켜 있었다. 그런데 어떤 사람이 포대기 하나를 들고 나타나더니, 어떤 가시에도 상하지 않을 새미(chamois) 장갑을 끼고 가시넝쿨을 끌어당겨 담기 시작했다.

그렇게 한참 마구잡이로 잡아당겨 아귀까지 가득 채우더니, 입구를 바싹 졸라매 용광로 속에 던져버렸다. 그러자 가시넝쿨은 흔적도 없이 사라졌다. (2003. 11. 11)

208. 전송

내 모든 짐과 소유를 미련 없이 던져버렸더니, 그것을 받아 주는 사람이 있었다. 그는 당대 최고의 덕망과 역량을 갖춘 장로님이었다.

내가 하던 일을 그만두고 길을 나섰더니, 나를 지배하던 사람이 따라오며 송별회라도 하자고 했다. 나는 그럴 생각이 없다고 하면서 길을 재촉했다. 그러자 그는 아침에 단둘이 만나 먼저 한잔하고, 그 다음에 송별회에 참석하면 된다고 했다. 잠시 고민에 빠졌으나 이미 길을 가고 있었던 바, 그 유혹을 물리칠 수 있었다.

그때 내 뒤를 따라오며 인사하는 사람들이 보였다. 그냥 가는 것이 못내 아쉽다는 듯이 손을 흔들며 전송했다. (2003. 11. 12)

209. 매미 소리

이 세상의 모든 것이 나를 외면하고 적대시하는 듯했다. 지난 이틀 동안 심한 고통의 날을 보냈다. 머리도 아프고 잠도 이룰 수 없었다. 오직 이 죄인을 긍휼히 여겨달라는 기도밖에 할 도리가 없었다.

그러다가 오늘 밤은 꼬박 새우고 말았다. 아침이 되자 싸늘한 기운이 감돌았다. 그때 내 귀에 들려오는 소리가 있었다. 한여름 날의 매미 소리였다. 여러 매미가 어울려 화음을 맞추는 소리가 귀에 들려왔다.

"지금이 어느 때인데."

내 귀를 의심하면서 다시 들었으나 분명히 매미 소리가 맞았다. 하늘에서 보내준 평화의 메시지였다. 모든 것이 평화롭다는 느낌이 들었다. 그래서 잠시나마 안식을 취할 수가 있었다. 지난 며칠 동안 지속된 두통도 깨끗이 사라졌다. (2003. 11. 16. 주일)

210. 팀원

어디서 무슨 일을 열심히 하다가, 다급한 사태가 발생하여 홍역을 치르듯이 수습했다. 그리고 안정을 되찾아 퇴직하게 되었다. 퇴직 일자는 여러 날이 남았으나, 동료들의 도움으로 일찍 짐을 쌌다. 동료들의 배웅을 받으며 정든 직장을 떠났다.

그리고 얼마 후 새로운 일을 시작했다. 그때 도움을 주겠다는 사람이 나타났다. 우리나라 굴지의 재벌총수였다. 내 나이와 가정 형편 등을 물어보았다. 그리고 대전에서 함께 일할 두 사람을 찾아보라고 했다. 내게 팀원으로 붙여주겠다는 뜻이었다.

그래서 나는 즉시 그렇게 하겠다고 대답했다. 지역신문의 구인광고를 활용할 계획이었다. 같이 일할 팀원 2명을 구하는 대로 전화를 드리겠다고 했더니, 그가 직접 연락하겠다고 했다. (2003. 11. 30. 주일)

211. 기적(1)

가지 많은 나무가 있었다. 가지와 가지 사이에서 기적이 일어날 수 있는가의 문제로 다투었다. 나는 가지 사이에서 기적이 일어나며, 그것이 현실적으로 이루어진다는 사실을 확신시켜 주어야 했다. 그래서 밤새 씨름했다. 정말 힘들었다.

얼마 후 나는 내 보직이 바뀌었다는 통보를 받았다. 내 직책은 기적을 전하는 보고 담당이었다. 디스켓을 건네받고 인수인계를 마쳤으나, 나는 여전히 기적이 일어난다는 확신이 없었다. 기적의 열쇠는 갖고 있었으나, 해결의 실마리는 찾지 못했던 것이다.

내 업무용 가방이 여러 개의 고리로 이리저리 잠겨 있었다. 어떤 분의 도움으로 하나하나 풀어나가기 시작했다. 그것을 푸는 열쇠만도 한 꾸러미나 되었다. 정말 무거운 짐이었다. 그 짐을 옮기는 데 손수레가 필요했다. 그때 어떤 사람이 수레를 끌고 왔다. 그래서 수월하게 짐을 옮길 수 있었다.

　그리고 바쁘고 빠듯한 일과가 계속되었다. 하지만 궁극적 해결의 실마리, 곧 기적을 드러내지는 못했다. 그때 어떤 분이 늘 내 옆에서 도와주고 있었다. 그래서 어려운 가운데 큰 힘이 되었다. (2003. 12. 1)

212. 손수레

　끝이 보이지 않는 높은 계곡 위에 교량이 있었다. 그 위에서 손수레를 타고 누워 있었다. 그런데 꼼짝할 수가 없었다. 무슨 조치를 취할 수도 없었다. 그 와중에 교량이 점점 주저앉는 듯했다.

　손수레는 어떻게 하든지 다리를 벗어나려고 애썼으나, 손수레 바퀴가 교량 난간에 걸려 위기의 순간이 다가오고 있었다. 그때 순간적으로 손수레 바퀴가 교량 난간을 사뿐히 넘어 달리기 시작했다.

　그런데 또 다른 위험이 도사리고 있었다. 손수레가 교량을 벗어나 끝없는 내리막길로 달려갔다. 손수레를 멈출 수가 없었다. 브레이크가 없어 마냥 아래쪽으로 굴러갔다. 그때 내 오른쪽 다리가 길옆의 아파트 난간에 끼었다. 그제야 비로소 손수레가 멈춰 섰다.

　감각 없는 내 다리가 너무 고마웠다. 이윽고 나는 손수레에서 내려왔다.

그리고 손수레를 끌고 다시 거슬러 올라가 그 교량에 밀어 넣었다. 교량을 건널 다음 사람을 위해서였다. (2003. 12. 4)

213. 회장

내가 어떤 기업체의 회장으로 무슨 모임에 참석했다. 내 좌석이 가장 높은 위치에 있었다. 내 우측에 다른 기업체의 회장이 있었고, 나와 그 회장 사이에 내 비서와 그 회장의 비서가 있었다. 그때 내 앞에 '근본 운수'라는 사람이 나를 축하하기 위해 앉아 있는 모습도 보였다. (2003. 12. 7. 주일)

214. 피눈물

내 앞에 강이 보였다. 강물이 피처럼 붉고 끈적끈적했다.
"아니, 이게 대체 어찌된 일인가?"
그러자 그동안 나를 쭉 지켜보던 사람이 말했다.
"이 강은 네 인생이다. 피눈물로 범벅되었다."

그 말을 듣고 내가 중얼거렸다.

"이 강이 내 인생이라면, 내가 어찌 피눈물을 피할 수 있겠는가?"

그리고 하늘을 우러러보니 먹구름이 잔뜩 끼어 있었다. 순간 사방에서 어둠이 몰려오더니 비가 쏟아지기 시작했다. 터널 안으로 피하려고 서둘렀다.

그때 내 옆에 한 여인이 어린아이를 데리고 있었다. 너무 서두른 나머지, 그들을 외면하고 홀로 터널 속으로 들어갔다. 터널 안에 자동차 2대가 대기하고 있었다. 누군가 도착하면 금방 출발할 듯했다. 그 여인과 어린아이를 데려오지 않은 것이 못내 아쉬웠다. (2003. 12. 9)

215. 깁스

어떤 사람이 다리를 다쳐 깁스하고 있었다. 어느 정도 낫자 조금씩 움직이며 물리치료를 받았다. 그때 누가 와서 말했다.

"감독이 오고 있으니, 성한 다리마저 다친 척하라."

그래서 그는 성한 다리를 깁스하려고 밖으로 나갔다. 그런데 잠시 뒤 소식을 듣고 창문을 열어보니, 그가 얼어붙은 길바닥에 미끄러져 나뒹굴고 있었다. 그는 멀쩡한 다리마저 실제로 골절되어 양다리를 모두 깁스했다. (2003. 12. 23)

216. 쌀밥

검은 쌀밥을 하여 수북이 쌓아 놓았다. 몇 가마니를 했는지 엄청난 양이었다. 검은 쌀밥은 먹음직도 하고 영양가도 풍부해 보였다. 그런데 그 옆에 흰 쌀밥이 산더미처럼 쌓여 있었다. 상대적으로 검은 쌀밥이 매우 작아 보였다. (2003. 12. 23)

217. 교회당

'저주'가 땅바닥에 머리를 처박고 있었다. 그래서 크게 소리를 질렀다.

"이제 저주의 액땜이 모두 끝났으니, 더러운 저주야! 썩 물러가라! '병든 주상'과 '응한 우상'에게 가라!"

제주도 주택의 저주에서 벗어나 얼마 있다가 지하 교회당을 보았다. 교회 철탑이 옥상에 우뚝 서 있었다. 목자가 떠난 빈 교회당이었다. 하지만 아담하고 깔끔했다. 그래서 내가 사용하면 좋겠다는 생각이 들었다. 하지만 나는 그럴 능력이 없었다.

"돈이 없으니 무상으로 사용할 수 없을까?"

그리고 건물 주인에게 물어보니, 보증금 450만 원에 월세 45만 원이라 했다. 나는 그 돈마저 없었다. 주인이 월세만 부담하면 어떠냐고 물었다. 그때 나는 교회당으로 사용하든, 기도원으로 사용하든, 처음 사역지로서 적당하다는 생각이 들었다. (2003. 12. 30)

제8편

소망의 불씨

218. 찬양

그들은 서로 화답하며, 주님을 찬양하고 감사의 찬송을 불렀다. "주님은 어지시다!" "언제나 이스라엘을 사랑하신다!" 주님의 성전 기초가 놓인 것을 본 온 백성도, 목청껏 소리를 높여 주님을 찬양하였다. (에스라 3. 11)

이는 2004년 들어 처음 받은 말씀이다. (2004. 1. 9)

219. 전리품

그리로 들어오는 배마다 돛대 줄이 느슨하여, 돛대를 똑바로 세우지 못하고, 돛을 펴지도 못할 것이다. 그때 우리는 많은 전리품을 얻을 것이다. 다리를 저는 사람들도 많이 탈취할 것이다. (이사야 33. 23)

이는 2004년 들어 2번째 받은 말씀이다. (2004. 1. 12)

220. 대통령

어느 건물 지하실에 돼지 한 마리가 있었다. 머리만 보이고 몸통은 보이지 않았다. 그때 1층에 불이나 동생과 함께 소화기로 불을 껐다.

대통령과 함께 길을 가다가 보니 고산준령이 앞을 가로막았다. 길이 험해 힘은 들었으나 대통령이 짐을 들어 한결 나았다. 그렇게 산마루에 올라보니 넓고 탁 트인 대로가 나왔다. '엠마오로 가는 길'처럼 보였다.

잠시 후 참모총장 공관에 도착하여 식사를 했다. 대통령에게는 칼국수를, 다른 사람에게는 밥이 주어졌다. 사람들이 대통령을 제대로 예우하지 않았다. 하지만 나는 깍듯이 대통령을 예우했고, 대통령은 끝까지 나와 함께했다. (2004. 1. 15)

221. 무대

가파른 언덕길을 순식간에 올라가 보니, 한없이 펼쳐진 평원이 있었다. 그곳이 내 삶의 터전인 양, 나는 그 평원의 끝자락을 잡고 버둥거렸다. 그러나 힘에 부쳐 결국은 놓게 되었다. 그러자 무한한 공간과 끝없이 펼쳐진 우주, 바다 속의 수중 세계까지 내 삶의 무대가 되었다. (2004. 1. 18. 주일)

222. 녹음

연한 종이 안쪽에 작고 연약한 풀들이 있었다. 그 풀들이 강성하고 무성해지더니 푸른 산을 이루었다. 그 산에 수풀이 우거지고 꽃이 피더니 산 전체가 녹음으로 울창했다. (2004. 1. 20)

223. 불씨

꺼진 풍로에 숯을 넣었더니 작은 불씨가 살아나 모든 숯에 옮겨 붙었다. 잠시 후 음식물을 끓일 정도가 되었다.

발바리 같은 개 한 마리가 내 등에 찰싹 달라붙어 암내를 내는 듯했다. 앞다리 두 개를 꽉 잡고 뒤로 한껏 젖혀 허리를 꺾어 버렸다. 그러자 개가 이상한 소리를 내면서 죽었다. 그때부터 하혈이 사라졌다.

책상 서랍에 붉게 익은 바닷게 여러 마리가 있었다. 해산물도 책상 위에 수북이 쌓여 있었다. 잠시 부서장실에 다녀와 보니 삶은 게를 책상 위에 나눠 놓았다. 그래서 그 게를 먹기 시작했다. (2004. 1. 21)

224. 모포

세탁실에서 두터운 모포를 빨고 있었다. 다 빨고 마지막 하나가 남았다. 그런데 그것은 기름투성이였다.

"다른 모포를 먼저 빨기 참 잘했구나."

그리고 그 모포를 세탁기에 넣고 손을 씻었다.

그때 '아홉 개의 산'이 거실 바닥 청소를 하고 있었다. 어떤 사람이 그를 힐끔힐끔 쳐다보며 못마땅하게 여기자 그가 말했다.

"뭐가 뛰니 뭐도 뛴다는 말이 있더니, 정말 꼴불견이네!" (2004. 2. 2)

225. 헬기

헬기를 타고 안개가 자욱한 협곡을 빠져나와 언덕 위에 내렸다. 거기 완전무장한 대령 2명이 대기하고 있었다. 그때 어떤 사람이 와서 선배 대령에게 사령관을 맡아 달라고 부탁했다. 하지만 그는 극구 사양했다. 그런데 후배 대령은 자기에게 사령관을 맡겨달라고 떼를 썼다.

'ㄷ' 자로 지어진 집에 들어가 방문을 열어 보았더니, 하얀 고무신이 놓여 있었다. 그런데 짝이 틀렸다. 그럼에도 그 고무신을 신으려고 했다. 너무 오랫동안 신지 않아서 그 속에 가랑잎이 잔뜩 들어 있었다. 그때 자매가 나타나 한마디 하고 방 안으로 사라졌다.

"철야하려고 했던가 보지."

전혀 뜻밖의 말이었다. 그동안 입만 벙긋하면 불평불만을 쏟아내던 자매가 아닌가? 그래서 자매를 보는 순간, 또 무슨 핑계로 불평할 것인가를 먼저 생각했다. 그런데 그게 아니었다. 처음으로 들어보는 부드러운 말이었다. 그 말 속에 애틋한 사랑이 깃들어 있었다.

거의 말라죽은 듯이 보이는 나무가 빽빽이 들어찬 산이 보였다. 그런데 이파리 하나 없는 앙상한 나무에서 움이 트고 싹이 나더니 꽃망울을 맺었다. 너무 신기하여 하늘을 우러러보았더니, 헬기가 중장비를 이동하고 있었다.

자동차를 운전하다가 앞차를 살짝 들이받았다. 다행히 별로 상한 곳이 없었다. 앞차는 그냥 앞으로 달려갔고, 나는 연료를 보충하여 뒤따라갔다.

(2004. 2. 4)

226. 열차

동생이 다쳐서 자리에 누워 있었다. 어머니가 수발하러 간다고 하여 지갑을 찾았으나 보이지 않았다. 그러고 보니 얼마 전에 무슨 일로 짜증을 내면서, 탁자 위에 던졌다가 분실된 것으로 보였다.

목발을 짚고 세수하러 나오는 동생을 보니 너무 안타까웠다. 허리는 굽어 꼽추처럼 되었고, 가슴은 불룩 튀어나왔으며, 왼쪽 다리는 아예 사용하지 못했다. 반바지를 입고 윗도리는 벗었으나, 얼굴에 진땀이 범벅이었다. 짧게 깎은 머리에 물을 쏟아부으며 씻었다.

세 파트로 나눠서 무슨 장사를 했다. 한 파트를 내가 맡아 도매를 했다. 자매가 소매를 맡았으나 장사가 여의치 않았다. 얼마 후 명랑한 자매가 새로 들어와 소매를 맡았다. 나는 여전히 도매를 맡고 있었다. 그 자매가 열심히 일해 사업의 전망이 밝아 보였다.

열차를 운전하며 어디를 가다가 보니 길이 끊어지고 없었다. 진창으로 지반이 침하되어 열차가 지나가지 못했다. 그 길을 연결하려고 돌을 집어넣었다. 그런데 넣는 족족 속으로 쑥쑥 들어가 버렸다. 다른 방법이 없는가 하여 주변을 둘러보았더니, 길옆에 담으로 쌓은 네모난 돌이 보였다.

"저 돌이면 될 것 같군."

그 돌을 가져다가 끊어진 곳에 갖다 놓았더니, 돌다리처럼 연결되어 안성맞춤이었다. 하지만 언덕길에 곡선이라 여전히 위험했다. 조심조심 천천히 지나갔다.

그렇게 고비를 넘긴 열차가 산 중턱의 야영장에 도착했다. 그때 어떤 사람이 다가와 열차에 내장된 자체 동력으로 시동을 걸려고 애썼다. 하지만 여의치 않았다. 그러고 보니 열차는 내장된 배터리로 운행되었으며, 이제 그 액이 다 소모되었던 것이다. (2004. 2. 5)

227. 변소

무엇에 쫓기다가 어떤 건물 안으로 들어갔다. 나와 같이 무엇에 쫓겨 온 사람들이 북적거렸다. 그곳도 안전한 피난처가 아니었다. 어딘가 편치를 않았다. 그래서 다른 곳으로 갔다. 거기서도 우왕좌왕하는 사람들이 있었다.

그때 어떤 사람이 직원들을 소집하여 교육하고 있었다. 우체국 집배원으로 보였다. 신입 직원과 기존 직원들이 함께 있었다. 그러나 그들의 모습도 어딘가 모르게 불안감으로 가득 차 있었다.

계속해서 무엇에 쫓기다가 변소 안으로 들어갔다. 그 속은 개펄 같았고, 널빤지 서너 개가 가지런히 놓여 있었다. 그런데 널빤지에 발을 올려놓으면 서서히 꺼져 내려갔다. 널빤지를 받쳐주는 버팀목 없이 그냥 배처럼 떠 있었다.

그래서 한 발이 똥통 속으로 빠져들기 전에 다른 널빤지로 발을 옮겨놓아야 했다. 한눈을 팔 여지가 없었고, 다른 생각을 할 겨를이 없었다. 잠시만 늦으면 발이 빠졌고, 발목만 빠져도 나오지 못할 것 같았다.

그 와중에 '세속의 자식'과 결산을 봐야 했다. 그래서 머리와 손은 '세속의 자식'과 회계하기에 바빴고, 발은 똥통 속으로 빠져들지 않게 부지런히 옮겨놓아야 했다. 그렇게 한참을 계속하다가 보니, 널빤지 사이로 똥물이 올라왔다. 급히 발을 옮겨놓았으나 양말에 묻었다. 머리와 손발이 정신없이 바빴다.

얼마 후 '세속의 자식'과 회계가 마무리되어 변소에서 나왔다. 하지만 양쪽 발에 똥물이 묻어 있었다. 다행히 양말이 두터워 양말에만 똥이 묻었다. 그런데 양말에 묻은 똥이 어느새 말라 굳어 있었다. 그래서 양말을 벗어 버려야 할지, 다시 빨아 신어야 할지 고민이 되었다. (2004. 2. 7)

228. 비서

앞에는 내가, 뒤에는 아들이 수세식 양변기에 앉아 있었다. 나는 아들에게 먼저 일어나 나가라 했고, 아들은 내가 먼저 일어나 나가라고 했다. 그러다가 아들이 먼저 일어나 나갔고, 나는 나중에 일어나 물을 내렸다.

그런데 변기가 깨끗이 씻기지를 않았다. 그래서 변기에 물을 가득 채운 뒤, 우슬초 순을 한 움큼 가져다가 던졌다. 그러면 변기가 깨끗이 씻길 것이라는 믿음이 있었기 때문이다.

내가 어떤 사람의 비서로 추천되었다. 하지만 장애인이 비서로 적당치 않다고 생각했다. 그럼에도 우연찮게 그의 비서로 일하게 되었다. 그는 참으로 친절했다. 어떤 여직원도 비서 업무를 수행하고 있었다.

어느 날 또 다른 비서가 와서 말했다.

"여직원의 비서 업무가 적절치 않으니, 여직원은 여직원의 고유 업무만 하고, 비서 업무는 당신이 전적으로 수행하세요."

그의 사무실에 'CCA'라는 간판이 붙어 있었고, 스페인 대사관 바로 뒤편에 있었다.

그리고 '세속의 자식'을 만났는데, 그가 흡족한 듯이 말했다.

"이제야 모든 일을 한 번씩 다 해본 듯하구나." (2004. 2. 8)

229. 응답

'연한 구슬' 여인이 찜통을 가져온다고 연락이 왔다. 언젠가 연수기의 소금을 교체하려고 왔을 때, 내게 유혹의 눈길을 보낸 적이 있었다. 그래서 무엇인가 불안하기도 하고 두렵기도 했다. 기도할 수밖에 없었다.

"주여! 이 종이 외간 여인으로 인해 실족하지 않도록 도와주십시오. 하나님과 사람 앞에서 더 이상 죄를 짓지 않게 해주십시오."

낮이 지나고 밤 9시가 넘어 그녀가 찾아왔다. 퇴근길에 들렀다고 했다. 문을 열고 들어오면서 내 아래위를 쭉 훑어보며 말했다.

"어디 아프세요? 상당히 안 좋은 듯이 보이네요?"

그러면서 인상을 찌푸리고 크게 실망하는 눈치였다. 커피 한 잔을 마신 뒤 서둘러 돌아갔다. 그때 내 모습을 보니, 꾀죄죄한 운동복 추리닝에다, 그나마 걷어 올려 부끄러운 다리를 드러내고 있었다. 그녀가 오기 전에 공기를 통하게 하려고 한껏 걷어 올렸다가, 초인종이 울리자 깜빡 잊고 그대로 나갔던 것이다.

내 눈을 가리시고 그녀의 눈을 열어주신 주님께 감사를 드렸다. 간절히 기도할 때마다 가장 유효적절하게 응답하시는 주님의 은혜를 다시 한 번 체험했다. (2004. 2. 9)

230. 저주

저주를 품은 닭이 드디어 죽었다!
저주받은 인간이 비로소 죽었다!
살기 위해 죽지 않을 수 없었다.
힘들어서 도저히 살 수 없었다.
그래서 죽었다! 정말 죽었다!
이제 더 이상 살 수가 없다.
살아갈 가치가 아주 없다.
완전히 죽어야 한다!
할렐루야! 아멘! (2004. 2. 12. 24:00)

231. 성경 교사

회중이 단체로 예배를 드리고, 소그룹으로 다시 모여 기도했다. 나는 '원대한 기회'와 '남다른 규범' 형제와 함께했다. 기도를 마치고 내가 마무리 기도를 드렸다. 강하고 담대하게 기도하자, 두 형제가 땅을 치면서 "아멘!"으로 화답했다. 내 기도 소리가 너무 커서 온 회중이 들었다.

"오, 주여! 우리를 세계 제일의 성경 교사로 삼아주소서! 아멘."

그리고 캄캄한 어둠 속에서 헤매다가 날이 밝았다. 주변을 둘러보니 넓은 과수원이 있었다. 과수나무 위에 세탁한 빨래들이 널려 있었다. 그리고 얼마의 시간이 지났는지, 오랜만에 '남다른 규범'을 만나 서로 안부를 주고받았다.

그때 내 옆에 과수원지기가 있었다. 그에게 일러주었다.

"일꾼들과 계산할 때, 휴일을 포함하여 이틀간 510점을 주세요!"

애당초 휴일은 빼고 평일만 300점으로 정해져 있었으나, 규정이 바뀌었기 때문이다. 그 사실을 나만 알고 있었다. (2004. 2. 13)

232. 기도의 어머니

자전거를 타고 산등성이를 올라가고 있었다. 난코스를 만나 자전거를 어깨에 메고 산마루에 올랐다. 맞은편 길은 대체로 넓고 평탄했다. 자전거를 타고 신나게 내려갔다. 땀이 마르면서 시원함을 느꼈다. 산도 좋고 물도 맑고 공기도 싱그러웠다. 길을 따라 쭉 이어진 시내에서 사람들이 물놀이를 했다.

그렇게 한참을 내려가 한 오두막에 이르렀다. 내 형제와 자매, 일가친척, 친지들이 다 모여 윷놀이를 했다. 윷말을 보니 내 어머니와 동생 편이 '황금 돌산' 편보다 유리했다. 결국은 어머니와 동생이 이겼다. 어머니가 한마디 하며 밖으로 나갔다.

"누가 뭐래도 윷은 '기도의 어머니'가 잘 놀지."

그때 '기도의 어머니'가 들어왔다. 잠시 후 내가 밖으로 나가자 '기도의 어머니'가 따라 나왔다. 그리고 내게 병아리 한 마리와 특별히 제조된 먹이를 보여 주었다. 병아리가 얼마나 작은지 참새 새끼 같았다. 하지만 생기가 차고 넘쳤다. 먹이는 좁쌀 같은 것에 식용 곰팡이가 난 것으로 농축되어 있었다.

발바리 잡종 같은 개가 싸움에서 지고 돌아오더니 나를 빤히 쳐다보았다. 그런데 언제 다쳤는지 앞다리 하나가 없었다. 너무 불쌍했다.

'상생의 나라'가 '큰 바위'의 일로 큰 이득을 보았다고 하면서, 내게 만 원짜리 50장과 천 원짜리 3장을 주고 갔다.

오랜만에 교회 학교에서 설교를 했다. 애들이 얼마나 떠들어대는지 도저히 계속할 수가 없었다. 그래서 한마디 했다.

"예배드리기 싫은 아이는 지금 집으로 돌아가도 좋아요."

그러자 아이 2명이 밖으로 나갔다. 그때 한 아이가 말했다.

"예배드리러 온 아이들을 돌려보내는 선생님이 어디 있어요?"

그러자 밖으로 나갔던 애들이 돌아와 자리에 앉았다. 내가 말했다.

"그러니 단 1분이라도 한번 조용히 해보세요." (2004. 2. 15)

233. 용기

못난 선비가 바닷가 오막살이에서 고기를 잡으며 살아가고 있었다. 잡은 고기가 하나같이 작아서 먹고 남는 것이 없었다. 그러던 어느 날 아버지가 찾아왔다. 노름으로 전 재산을 날리고 빈털터리로 왔다. 선비가 중얼거렸다.

"내가 이렇게 살아가는 마당에 아버지마저."

선비에겐 아버지가 얼마의 재산이라도 물려주었으면 하는 바람이 있었다. 그 마음을 알아채기라도 한 듯이, 아버지가 일꾼 몇 사람을 데리고 바다로 나갔다. 그리고 그물을 던져 큰 고기 2마리를 잡았다. 장정 4명이 메고 해변에서 걸어 나왔다. 그렇게 큰 고기는 아직까지 본 적이 없었다. 무슨 동물을 잡아오는 듯했다.

어느 곳에 갔더니 컴퓨터 모니터 같기도 하고, 텔레비전 같기도 한 스크린이 나란히 설치되어 있었다. 그런데 그 화면에서 죽은 사람들의 사진과 무덤, 그리고 그가 어떻게 살다가 죽었는지, 심지어 장례가 치러진 과정까지 자세히 볼 수 있도록 그림과 도면 등을 덧붙여 설명하는 장면이 나왔다.

그리고 화면 속의 우측에는 그가 어릴 때의 모습에서 죽어 장사될 때까지 변하는 얼굴 모습이 쭉 이어져 내려오다가, 다시 역으로 거슬러 올라가며 보여주고 있었다. 그것을 보는 순간 소름이 쫙 끼쳤다. 무의식적으로 옆에 있는 전기 코드를 뽑아버렸다.

그럼에도 화면은 꺼지지 않고 계속 나왔다. 그래서 기계 뒤쪽에 있는 코드를 몽땅 뽑아버리고, 메인 스위치까지 내려버렸다. 그러자 화면이 서서히 꺼졌다. 그리고 그곳을 부랴부랴 빠져나왔다.

선비는 50만 원의 월세 보증금이 전 재산이었다. 산에서 나무를 해서 한 짐 지고 동네 어귀에 들어서니, 어떤 사람이 다가와 말했다.

"미국의 '오스틴'이라는 설교자는, 자기가 하던 일을 모두 집어치우고, 집 보증금 50만 원을 빼서 신학을 했던 바, 결국은 성공했지."

그때 선비는 그가 자기와 비슷한 처지여서, 자신도 못 다한 신학을 마저 해야 하는지에 대해 고민이 되었다.

"이 나무를 교회에 가져다주고, 월세 보증금 50만 원을 빼서 신학을 마저 할까?"

그리고 멈칫멈칫하다가 교회로 발길을 돌렸다. 교회에 가보니, 사택에 많은 사람이 모여 웅성거리고 있었다. 어떤 사람이 예배를 방해했던 바, 교회가 그를 고소하여 형사가 온 듯했다. 그것을 보고 실망한 나머지 발길을 돌려 집으로 갔다. 그가 말한 '오스틴'처럼 신학을 계속할 경우, 당장 생계가 걱정되었기 때문이다.

집 앞에 이르자 '용기'라는 친구가 길가에 쪼그리고 앉아 과자부스러기를 주워 먹고 있었다. 그를 보고 너무 반가워 나뭇짐을 내려놓았더니, 나뭇짐이 순식간에 여자애로 변해 멀리 달아나고 말았다. 하지만 그에 아랑곳하지 않고, '용기'를 얼싸안고 기뻐했다.

"용기야, 정말 오랜만이다. 그런데 왜 이리 야위었는가?"

그는 한때 탄탄한 근육의 소유자였으나, 살이 빠지고 피부가 늘어져 뼈마디가 드러나 보였다.

"그게 어찌 내 탓이겠는가? '호의'와 '선정', 바로 그놈들 때문이지."

'용기'가 친구들을 원망하자 선비가 위로했다.

"이제 다 잊어버리게 친구, 새 출발해야 하지 않겠나?" (2004. 2. 17)

234. 부통령

장애인 단체장이 와서 말했다.

"세네갈에서 부통령을 맡아달라는 제의가 들어왔네. 사람이 그렇게도 없는 모양이야."

그래서 내가 말했다.

"어차피 가야 할 길이라면, 조금이라도 젊을 때 가시는 것이 좋겠습니다."

"그렇지?"

"예. 모든 자료는 그쪽에서 준비하겠지만, 저도 한번 알아보겠습니다."

"음, 그래."

그때 그는 아주 흡족해했다. (2004. 2. 18)

235. 노란 나무

어느 곳에 건물 1동이 있었다. 3층으로 이끌려 올라가 활동 사진을 보았다. 1년 전에 죽은 사람들의 사망 경위와 장례 모습을 담은 비디오였다.

죽은 사람들이 하얀 드레스를 입고 무덤 속으로 미끄러져 들어갔다. 남녀노소 할 것 없이 다양한 사람들이 있었다. 어떤 사람은 머리 없이 몸뚱이만 무덤으로 내려갔다. 머리가 있는 시신은 모두 화장을 하여 밝고 환한 모습이었다.

노란 나무에 검은 점이 총총 박혀 있었다. 마우스로 긁었더니 그 점이 모두 지워져 버렸다. 다시 긁었더니 노란 나무 자체가 사라졌다. (2004. 2. 21)

236. 청소

통나무 상차 작업을 했다. 2명이 1조가 되어 트럭에 나무를 실었다. 아무렇게 널려 있는 통나무를 가지런히 정리하며 쌓아 올렸다. 크고 길며 곧은 것도 있었으나, 작고 짧으며 뒤틀린 것이 더 많았다. 그것은 재목으로 쓰기에 적당치 않았다.

'큰 돌산'과 얘기할 때 어떤 사람이 찾아왔다. 내가 소유한 땅을 사자고 하면서 계약금 조로 50만 원을 내놓았다. '큰 돌산'의 중개로 200만 원을 주고 산 땅을, 그가 600만 원에 사겠다고 했다. 그러면 '큰 돌산'과 나는 200만 원씩 나눌 수 있었다.

그래서 계약서를 가지러 책상에 가보니, 지나다니는 통로가 없었다. 사람들이 내 책상을 넘나들었다. 나도 그렇게 넘어가 보니 책상 아래 쓰레기가 수북했다. 우선 쓰레기부터 치워야겠다는 생각이 들어 청소를 시작했다. (2004. 2. 22. 주일)

237. 정의

새벽 1시경에 일어나 잠을 이루지 못하다가 환상을 보았다. 어느 공원에 배드민턴 코트 3개가 있었다. 하나는 위쪽 끈은 팽팽하게 묶여 있었으나 아래쪽 끈이 풀어져 네트가 돌돌 감겨 있었고, 다른 하나는 양쪽 끈이 모두 팽팽하게 묶여 제대로 있었다. 하지만 또 다른 하나는 아래와 위쪽 끈이 모두 풀어져 네트가 땅바닥에 떨어져 있었다.

큰 흑곰 양발 사이에 내가 서 있었다. 나는 개미 새끼처럼 작아 보였다.

내 사무실에 목사님과 교인 몇 사람이 찾아왔다. 내 책상은 3개가 1조로 된 것으로 교회에서 빌려왔다. 그런데 나사가 풀어져 흔들거렸다. '큰 정의' 목사님이 이리 밀어 보고 저리 밀어 보아도 여의치 않았다. 그래서 책상 3개를 따로 분리했다가 다시 조립하여 책상보를 씌웠다. 그러자 새것처럼 튼튼했다.

그때 '큰 정의' 목사님이 말했다.

"이제 집사님이 사용하다가 알아서 처리하세요."

그래서 내가 대답했다.

"아닙니다. 목사님! 폐품이 되어 엿을 바꿔먹어도, 교회 물품은 교회에서 처리해야지요. 관리부장이 비품 대장도 정리하고요."

그때 나는 내 말에 목사님과 교인들이 감동할 것으로 생각했다. 하지만 그게 아니었다. 얼마 후 나는 정의의 탈을 쓴 위선과 원칙을 앞세운 불신에 치를 떨어야 했다. (2004. 2. 24)

238. 사탄

어느 사무실에 들어가 보니, 여러 가지 곡식으로 만든 아름다운 꽃꽂이가 있었다. 자세히 보니 보리에는 보리가 열렸으나, 벼에는 벼가 아닌 콩이 달려 이상하게 생각했다.

'생각의 아들'과 함께 어느 공연장에 들어갔다. 1층과 2층에서 고기를 잡은 후 3층으로 올라갔다. 3층으로 올라가는 계단에서 끈이 떨어져 잡은 고기를 모두 놓치고 말았다. 그때 소름이 오싹하여 주변을 살펴보니, 3층 방 한쪽 구석에 사탄이 웅크리고 있었다. 그래서 다짜고짜 소리쳤다.

"사탄아, 물러가라!"

그러자 사탄이 바둑알을 한 움큼 거머쥐고 나를 향해 던졌다. 바둑알이 둥근 원을 그리며 내게 날아왔다. 날아오는 흰 돌을 잡아 사탄에게 도로 던졌다. 그러자 돌이 빠른 속도로 되돌아가 사탄의 가슴에 박혔다.

사탄이 화가 머리끝까지 치밀어 내게 달려들었다. 격한 싸움이 벌어졌다. 그때 나는 이 싸움에서 지면 끝장이라는 생각이 들었다. 그래서 젖 먹은 힘까지 다해 죽기 아니면 살기로 싸웠다. 처음에는 내가 불리했으나, 나중에는 유리하다는 생각이 들었다.

자신감을 회복하여 사탄의 낯짝을 인정사정없이 마구 내리쳤다. 그러자 사탄의 머리가 박살이 났다. 그런데 사탄의 대가리가 무슨 돌이나 석고 같았다. 대갈통이 부서지기는 했으나 피 한 방울 나오지 않았다. (2004. 2. 25)

239. 땅과 떡

새벽 4시 14분에 일어나 1시간 남짓 기도했다. 그때 환상이 보이기 시작했다. 내가 누워 있는 곳은 아주 작은 다락방으로 천정에 환기구 같은 구멍이 있었다. 그 구멍에서 수증기 같은 하얀 가스가 뿜어 나오더니 작은 벌레들이 우수수 떨어졌다.

어느 사무실에서 '기세'라는 친구와 기세 싸움을 했다. 처음에는 내가 밀렸으나 나중에는 그 친구 배에 올라타고 있었다. 그의 양손을 꽉 잡고 꼼짝달싹 못 하게 했다. 그때 '길한 용'이 운동을 마치고 돌아와 우리를 찾았다.

내가 대답하려고 하자 '기세'가 조용히 하라고 했다. 잠시 뒤 우리 셋은 서로 화해했다. 우리는 한 직장에서 근무하는 동료였다. 그런데 사소한 일로 삼각관계를 이루며 갈등하고 있었다.

지방에 있는 싼 땅을 답사하고자 버스를 타고 가는 중이었다. 가다가 보니 큰 사고가 있었고, 많이 다친 사람도 있었다. 하지만 내가 탄 버스는 좁은 길을 요리조리 잘도 빠져나갔다.

얼마 후 버스가 정류장에 도착했다. 한 노인이 올라와 내 옆에 앉았다. 그때 내가 먹고 있던 시루떡을 조금 나눠 주었다. 그 떡은 반듯하게 자르고 남은 부스러기로 상품 가치가 없었다. 그래서 주면서도 미안한 생각이 들었다.

그러나 마음에서 우러나오는 주님의 심정으로, 내가 먹던 뾰족한 부분이 아닌 다소 넓은 위쪽 부분을 권했다. 그때 노인은 내가 준 떡을 사양하고, 오히려 자기 떡을 내게 나눠 주었다.

그가 주는 떡을 받고 내 떡을 재차 권했으나 끝까지 사양했다. 그리고 다시 자신의 떡을 조금 떼어 주었다. 내가 권할 때마다 자기 떡을 조금씩 주었다. 그가 준 떡은 어린아이 손바닥처럼 작고 둥글게 만든 것으로 영양가가 농축되어 있었다. 그때 노인이 말했다.

"나는 내가 먹는 양의 떡 외에는 더 먹지 않는다네."

그래서 내가 말했다.

"그러시면 제게 주신 만큼만 제 떡을 드시지요."

그래도 노인은 고개를 가로저었다. 그때 내가 땅 서류를 꺼내자 노인이 말했다.

"문서 속의 두 말씀, '갈멜'과 '고넬료'를 찾아보게."

그래서 여기저기 살펴보았으나 '갈멜(Carmel, 엘리야가 바알과 아세라 선지자들과 싸워서 이긴 산, 하나님의 과수원)'이라는 말씀 외에는 찾을 수가 없었다. 그때 어떤 사람이 다가와서 '고넬료(Cornelius, 이탈리아 부대 백부장, 최초의 이방인 신자)'라는 말씀까지 찾아주었다. (2004. 2. 27)

240. 폐인

어떤 사람과 함께 밖에서 일하다가 새벽녘에 사무실로 돌아오게 되었다. 그런데 한동안 직장에서 잘 나가던 '가벼운 선'이, 초췌한 모습으로 문밖에 서서 벌벌 떨고 있었다. 어찌 된 영문인지 몰라 잠시 인사만 하고 사무실 안으로 들어가 보니, 그때까지 사람들이 고스톱을 치고 있었다. 자욱한 담배 연기 속에서 모두가 고스톱에 몰두했다.

그런데 방금 밖에서 보았던 '가벼운 선'이, 백발에다 옴팍 늙은 영감탱이 모습으로 상 앞에 앉아 술을 마시고 있었다. 정말 이상한 일이었다. 밖에 있는 사람과 방에서 술을 마시는 사람은 분명히 '가벼운 선'이었다. 밖에 있는 그는 중년이었고, 방에 있는 그는 노인이었다. 그런데 그 모습은 모두 폐인이었다. (2004. 2. 28)

241. 감사(監査)

어느 초등학교 하급반의 교육 과정을 자세히 살펴보았더니, 체육이 약간 부실하고 예능, 즉 정서 분야가 아주 취약했다. 그때 마침 교육청에서 감사를 했다. 감사관은 교육청 감독관과 '병든 시절', 그리고 '선한 영혼'이라는 미술교사였다.

그들에게 예술 계통, 즉 정서 분야가 아주 취약하다고 일러주었더니, '선한 영혼'이 자기에게 맡겨 달라고 했다. 그런데 '병든 시절'이 한마디로 일축했다.

"넌 안 돼!"

그리고 그들은 현장 방문차 해당 학교를 향해 떠나갔고, 나는 집으로 돌아가 머물고 있었다.

얼마 뒤 '선한 영혼'이 '병든 시절'의 심부름으로 왔다. 우리는 본능적으로 서로 얼싸안고 입을 맞추며 반가워했다. '선한 영혼'이 나보다 키가 더 커서 내가 쳐다보며 말했다.

"얼마지?"

"꽉 찼어."

"80이야?"

"응, 그런데 왜 나와 비슷하지?"

"아니, 내가 약간 작아."

그리고 우리는 내가 운영하는 가게로 갔다. 가는 도중에 '선한 영혼'이 현기증을 일으켜 쓰러지려고 했다. 얼른 잡아 세웠으나 의식을 잃고 있었다. 그때 감독관의 전화가 왔다. 떨리는 마음으로 전화를 받았다. 감사에 필요한 자료를 받아오라고, 그가 '선한 영혼'을 내게 보냈기 때문이다.

그런데 시간도 지체되었을 뿐만 아니라, '선한 영혼'이 의식까지 잃고 쓰러져 어찌할 바를 몰랐다. 하지만 감독관의 말은 의외였다.

"지금 몇 시나 되었는가요?"

"아! 예, 4시가 조금 덜 된 3시 50분이군요."

그 후 나는 어떤 권사님과 교회에 나가 십일조 헌금을 드렸다. 나의 가장 취약한 부분은 역시 물질이었다. 그 권사님도 넉넉지는 않았으나 재정이 바닥난 나에 비해서는 다소 나았다. (2004. 3. 8. 02:22)

242. 상처투성이

고된 일을 마치고 잠시 쉬었다. 다리를 풀고 자리에 누웠다. 다리를 보니 상처투성이였다. 하지만 아버지는 나를 위로할 생각이나 돌볼 기색이 없었고, '마지막 열정'과 술 마시는 일에만 열중했다. 그때 할머니도 내 옆에 있었으나 아무 말이 없었고, 어머니만 아들을 좀 돌보라고 아버지를 재촉했다. (2004. 3. 8. 00:00)

243. 가시(1)

새벽 2시에 일어나 글을 쓰다가 5시에 기도를 드렸다. 그리고 다시 누웠더니 환상이 보였다.

어떤 사람이 사무용 도구를 던져주었다. 선남선녀가 그것을 받아 챙겼다. 다소 거리가 있었으나 한 치의 오차도 없이 정확하게 주고받았다. 참으로 신기했다. 그때 남자의 얼굴은 보지 못했으나, 여자는 내 사무실에 근무하는 직원으로 보였다.

어느 뷔페 식당에 들어가려고 했더니 출입문 입구에 화분이 놓여 있었다. 그 화분에 심겨진 나무가 길을 막았다. 나뭇가지를 휘어잡고 힘들게 들어갔다. 그렇게 들어가 보니, 내 양복 왼편의 절반이 가시로 덮여 있었다.

그때 나무를 보니, 내가 휘어잡은 가지의 절반이 꺾여 있었다. 그런데 그 문 왼쪽에 출입하는 공간이 따로 있었다. 참으로 안타깝고 민망했다.

"저쪽으로 들어왔으면, 내 양복은 물론 나뭇가지도 꺾이지 않았을 텐데."

그리고 보니 어느새 뷔페는 파장이 되었고, 종업원들이 남은 음식을 치우고 있었다. (2004. 3. 10)

244. 하수구

오폐수가 잘 빠지지를 않았다. 쇠막대기를 들고 하수구에 머리를 넣어 보았더니, 온갖 쓰레기가 너저분하게 널려 있었다. 쇠막대기가 닿는 곳까지 한쪽으로 걷어치웠으나, 거리가 멀어 닿지 않는 곳은 어쩔 수가 없었다. (2004. 3. 12)

245. 풋고추

어떤 분이 나와 함께 있다가 '대규모'라는 사람에게 말했다.

"이 사람에게 1조 원을 주어라."

그러자 그가 1조 원의 국고 수표를 발행하더니, 은행에서 자기앞수표로 바꿔 건네주었다. 받아보니 천공기로 1,000,000,000천 원이라 찍혀 있었다. 내가 흥분하여 말했다.

"내 평생 이렇게 큰 금액의 수표를 보기는 처음입니다!"

그러자 그가 흡족히 여기며 '대규모'에게 다시 말했다.

""1,000억 원으로 10장을 만들어 주어라."

그 일이 있은 뒤 사무실에 나가 보니, 내 책상 위에 풋고추 10개가 놓여 있었다. 길쭉하고 꼬부라진 것 등 다양했다. 그런데 그중에서 유독 하나가 눈에 띄었다. 꼭지 부분을 벌레가 파먹은 것이었다. 속까지 완전히 먹지는 않았으나 표피의 절반은 구멍이 나 있었다. 그래서 내 책상 맞은편 아래쪽에 있는 '대규모'에게 말했다.

"이것은 바꿔 주시오."

그러자 그가 양손을 살짝 뒤집으며 말했다.

"보시다시피 더 이상 줄 것이 없소. 이미 다 주었소."

그때 그는 참으로 아무것도 가진 것이 없었다.

그 후 나는 사업차 버스를 타고 어디를 가고 있었다. 그 버스는 간선도로를 이용하여 역삼동으로 갔다. 거기서 무슨 시험을 보았다. 시험에 떨어졌다가 재심으로 합격했다는 통보를 받았다. S그룹에 속해 있었다. (2004. 3. 14. 주일)

246. 난맥상

스키장 현장에서 어떤 사람과 얘기하고 있을 때, 앞쪽 절벽이 갑자기 무너져 내렸다. 그 아래쪽에 집도 몇 채 있었는데 너무 안타까웠다. 이어서 옆에 있던 절벽도 무너졌고, 맞은편과 뒤편의 절벽도 무너졌다. 사방 환경이 치명적으로 파괴되어 사업장은 고립무원의 신세가 되었다.

"아니, 이게 대체 어찌 된 일인가?"

그때 어떤 사람이 다가오더니, 평소 내가 덮고 자는 이불에다 검은 보자기 3개를 덧덮고 사라져 버렸다. 사업의 난맥상을 보는 것 같아 마음이 아팠다. (2004. 3. 15)

247. 고스톱

각계각층의 인사들과 고스톱을 쳤다. 어찌 된 영문인지 내가 싹쓸이를 했다. 오랜만에 기분이 흡족하여 아버지께 드릴 안마의자를 주문하려고 우체국에 갔다. 직원이 가진 돈이 얼마냐고 묻기에 1,200만 원쯤 된다고 했다. 그러자 가장 좋은 게 500만 원이니 그걸 사라고 했다. 그래서 그것을 택배로 보내려고 했다.

그리고 내가 사용하는 교실을 정리하고 싶어서 먼저 1층을 깨끗이 청소했다. 대부분이 깨끗한 상태로 정돈되어 있었는 바 간단히 청소가 끝났다. 그런데 2층에 올라가 청소하려고 보았더니, 적어도 30년 이상 방치한 것으로 보였다.

먼지가 떡이 되어 곳곳에 달라붙어 있었다. 쌓인 먼지를 긁어내며 청소할 때 '이기자' 자매가 다가와 신자의 양심으로 칭찬하고 격려해 주었다. 그래서 나도 그 양심으로 살짝 안아 도닥여주었다.

그때 느닷없이 '남의 손'이 나타나, 내가 유부녀를 안았다는 이유로 소문을 퍼트리려고 했다. 그건 오해라고 했으나 소용이 없었다. 결국은 누군가에 의해 '이기자' 자매가 끌려갔고, '남의 손'은 나를 쳐다보며 계속 협박하다가 떠나갔다.

그런데도 나는 청소를 마치고 홀가분한 마음으로 창밖을 내다보았다. 그때 두 사람이 주변을 두리번거리며 누군가를 찾고 있었다. 다름 아닌 '큰 시절'과 '기회 엿봄'이었다. 그들이 길거리에 서 있다가 2층에 있는 나를 발견하고 고스톱을 치자고 소리쳤다. 하지만 나는 그들과 함께하고 싶은 생각이 전혀 없었다. (2004. 3. 16)

248. 행운권

내게 운이 있다면 아주 미약할 것이고, 복이 있다면 매우 박약할 것이라 생각했다. 그래서 나는 도박이나 주식, 복권 등에는 관심이 없다. 그렇다고 해서 아예 손을 대지 않은 건 아니다. 일찍이 도박도 했고 주식도 했고 복권도 사봤다.

로또 복권이 처음 나왔을 때, 꿈속에서 어렴풋이 본 숫자를 더듬으며 혹시나 하고 1장을 산 적이 있었다. 내게 단 한 번이라도 요행이 주어졌으면 하는 바람도 있었다. 하지만 나는 요행과 담을 쌓고 살았다. 내게 있어 요행은 공중누각일 뿐이었다.

그런데 오늘 본 환상에서, 내가 무슨 이벤트에 참석했다가 2등에 들었다. 처음에는 내 눈을 의심했으나 명단을 보니 분명히 내 이름이 있었다. 큰 상금을 받아 빚을 갚을 수나 있지 않을까 하는 기대감에 잔뜩 마음이 부풀었다. 하지만 상품은 6개월간의 선식이었다.

행운권을 들고 선식을 받기 위해 길을 나섰다. 그때 나를 인도한다는 것이 고작 쥐새끼였다. 그마저 거반 죽어 있었다. 기분이 언짢았지만 그래도 실낱같은 희망을 가졌다. 쥐새끼 꼬리를 잡고 길을 인도하라고 소리치며 앞으로 던졌다. 그렇게 서너 차례 했더니, 그 쥐새끼가 토끼로 변해 오르막길을 올라갔다.

그러다가 어느새 새가 되어 작은 동산을 향해 날아갔다. 그런데 새가 산마루에 높이 세워진 철문에 부딪혀 더 이상 날아가지 못했다. 그래서 내가 가서 철문을 열어젖혔다. 그러자 새는 그곳을 지나 날아갔고, 나도 철문 밖으로 빠져나갔다.

철문 밖에 작은 오솔길이 있었다. 얼마쯤 앞에서 새가 진돗개로 바뀌더니 내게 다가왔다. 그런데 내가 보는 앞에서 똥과 오줌을 동시에 쌌다. 똥은 딱딱한 돌멩이 같았고, 오줌은 펌프가 물을 뿜듯 펑펑 쏟아졌다. 개가 볼일을 보고 시원하다는 듯이 홀가분한 몸으로 내 앞길을 인도했다. (2004. 3. 17)

249. 지붕

잠을 자려고 누웠더니, 자리에 들자마자 내 머리 위에 새들이 날아와 온갖 풀들로 지붕을 지었다. 그렇게 지어진 지붕을 보니, 그 지붕 위에 또 지붕이 있었다. 아래는 평지붕이고, 위는 삿갓 모양이었다.

그리고 얼마 후 다시 보니, 이번에는 내가 누워 있는 바로 위, 그러니까 평지붕 아래쪽에 아치 모양의 콘크리트 옹벽이 만들어졌고, 그 밑에 내가 누워 있었다. 마치 무덤 속에 드러누워 있는 듯했다.

비몽사몽 간에 밤새도록 악몽에 시달리다가, 아이들이 걱정되어 집으로 돌아가 보았다. 어두운 방에 책상과 의자가 이리저리 제멋대로 놓여 있었고, 아이들의 모습은 보이지 않았다. 불빛이라고는 컴퓨터 모니터에서 나오는 희미한 빛이 고작이었다. 무서운 생각이 들어 부랴부랴 집을 나오다가 잠에서 깨어났다.

그때 부모님과 아이들이 걱정되어 서울 인근에 조그만 집이라도 하나 마련했으면 하는 생각이 간절했다. (2004. 3. 20)

250. 아들(1)

머리가 지끈지끈 아프고 컨디션이 영 좋지를 않았다. 잠자리에 들어도 무엇인가에 늘 쫓기고, 하는 일도 제대로 되지 않았다.

'생각의 아들'이 매서운 추위에 강에서 놀고 있었다. 아들의 손을 잡아 언덕으로 끌어올려 놓았더니, 옆에 있는 모닥불로 달려가 손발을 말렸다. 그런데 양발과 양손을 모두 불 속에 집어넣고 있었다. 장갑과 양말이 흠뻑 젖어 있었기 때문이다.

그래서 양말을 벗어 말리라고 했더니, 아들이 울상을 지으며 사정을 얘기했다. 양말을 벗으면 오른발 사용에 지장이 있다고 했다. 그때 아들이 벗어놓은 신발 속에 덧신 같은 것이 보였다. 아들이 아니라 바로 나 자신이었다. (2004. 3. 21. 주일)

251. 승자

어떤 사람이 석고처럼 보이는 백색 가루를 차에 싣고 와서 길에 뿌렸다. 그러자 신기하게도 진 땅이 마른 땅으로 바뀌었다. 그때 사람들이 줄을 서서 기다리는 틈에 나도 끼어 있었다. 얼마간 앞쪽에 '승자'라는 자매도 보였다. 그 자매가 오른손으로 앞쪽을 가리키며, 고개를 돌려 나를 보더니 방긋 웃었다. 그 모습이 어찌나 아름다운지 황홀했다.

그리고 얼마 후 친구에게 화물차를 예약하고, 간단한 짐을 꾸려 신작로에 나갔다. 그런데 그 친구는 내가 서 있는 것을 보지 못한 듯 그냥 지나갔다. 그리고 조금 가다가 서고, 조금 가다가 서곤 했다. 그냥 지나갈까, 말까 하면서 갈등하는 듯했다. 뒤에서 그 모습을 한참 지켜보다가, 갈 테면

가고 올 테면 오라고 하면서 그냥 학교운동장으로 들어갔다. 그러자 그가 차를 후진시켜 오더니 타라고 했다.

짐칸에는 이미 화물이 가득 실려 있었다. 조수석에 올라탔더니 의자 뒤쪽에 어떤 젊은이가 있었고, 그 의자 밑에 한 자매가 누워있었다. 자세히 보니 '승자'라는 그 자매였다. 그녀가 거기서 잠을 자다가 나를 보고 다시 방긋 웃었다. 얼마나 사랑스러운지 뽀뽀를 해 주었다.

어느 회사 사장이 칠판에 무엇을 쓰면서 열심히 강의하고 있었다. 수강자 가운데 몇 사람은 소파에 앉아 강의를 들었다. 그때 나는 강사에게 내 회전의자를 양보하고, 그 옆에서 그가 말하는 것을 열심히 칠판에 썼다. 그러다가 수강생과 함께 강의를 들었다.

그리고 얼마 뒤 자매 서너 명이 합류하여 함께 강의를 들었다. 그 강의는 신입직원 오리엔테이션으로 보였다. (2004. 3. 22)

252. 정액 수표

자매와 함께 나란히 걸어가고 있었다. 얼마쯤 가다가 화장실이 급한 듯 사람들을 제치고 앞으로 나아갔다. 자매의 뒷모습을 보니, 평상시 입지 않는 짧은 치마를 입어 약간 저속하게 보였다.

그리고 얼마쯤 더 가다가 보니, 개천을 가로질러 놓인 다리가 있었다. 그러자 자매가 다시 다리 밑으로 내려가 물속에서 볼일을 보았다. 물이 상당히 더러웠다. 그때 어떤 사람이 물에 빠져 죽은 시신을 끌어내고 있었다. 하지만 사람들은 여전히 물속에서 목욕을 했다. 그런데 자매가 강 상류에서 볼일을 본 것이 물에 드러나자, 사람들이 깜짝 놀라 밖으로 나왔다.

얼마 후 신령한 분이 나를 부르더니, 나와 내 메신저가 진 빚이 얼마냐고 물었다. 10만 원쯤 된다고 했더니, 10만 원짜리 정액 수표를 주면서 갚으라고 했다. 그때 나는 평소 그분에게 너무 인색하지 않았나 싶어 송구한 마음이 들었다. (2004. 3. 24)

253. 시합

우리 집에서 큰 잔치가 베풀어졌다. 손님이 너무 많아 음식을 먹지 못한 사람도 있었다. 나도 저녁식사를 걸렀다. 다음날 아침에야 밥을 먹을 수 있었다.

식사를 마치고 밖에 나가 보니, 학교운동장에서 어른들과 아이들이 축구 시합을 했다. 한쪽에서는 배구 시합도 했다. 하지만 나는 축구 시합에도 끼지 못했고, 배구 시합에도 들지 못했다.

그래서 무료함을 달래며 앉았다가 손톱으로 배구공을 긁었더니 바람이 푹 빠졌다. 시합도 하지 못하면서 공까지 못 쓰게 만들어 너무 미안했다. (2004. 3. 24)

254. 난쟁이

주님의 제자 후보생으로 보이는 사람이 무슨 과제를 준비하고 있었다. 언뜻 보기에 교회와 관련된 보잘것없는 문서 5장에 불과했으나, 그는 3장과 2장으로 나눠서 소중히 챙기고 있었다.

그때 강둑을 따라 걸어가며 같은 말을 반복하는 자매가 있었다.

"잘해주라. 잘해주라. 잘해주라."

그 말은 주님의 심정으로 모든 사람에게 신신당부하는 것처럼 들렸다. 왜소증 장애인으로 보이는 난쟁이가 그 자매와 함께 걷고 있었다. 그는 대머리였고, 피부는 온통 붉었다. 그리고 그 옆에 따라가는 그의 아들도 그와 똑같은 모습이었다. 그래서 사람들의 시선을 끌었다. 하지만 그는 여유작작하게 말했다.

"내가 52년 동안 살아오면서, 단 한 번도 열등감에 사로잡혀 본 적이 없다!"

그러면서 시종일관 명랑한 모습으로 이야기하며 걸었다. 유머도 풍부하게 구사했다.

얼마 후 그는 강 건너편에서 실의에 빠진 사람들을 위로하고 있었다. 그는 잘해 주라고 하는 자매의 남편으로 보였다. 그들은 순례자의 가족으로서 세상을 두루 다니며 산 복음을 전하고 있었다. (2004. 3. 25)

255. 개미

소 몰고 논둑길을 걸어갔다. 논둑길을 지나니 샛길이 나왔고, 샛길을 지나니 찻길이 나왔다. 찻길을 지나니 비교적 넓고 큰 도로가 나왔다. 그 도로에는 인종, 민족, 성별, 나이, 종교 등과 관계없이 모든 사람이 온갖 동물과 함께 걸어가고 있었다. 그때 사람들은 모두 흰옷을 입었다.

작은 개미 너덧 마리가 눈앞에 아른거리더니 점점 멀어져갔다. 지구를 떠나 태양계로 들어가더니, 태양계를 벗어나 은하계로 접어들었다. 그때 은하계 전체를 손바닥 위에 올려놓은 듯이 보였다.

모든 은하를 넘어 저 멀리서, 지극히 거룩하신 분이 양팔을 벌리고 그 개미들을 맞이하고 있었다. 그분은 한량없는 큰 사랑을 가지고 계셨으며, 그분의 양옆에 어린 동녀 2명이 서 있었다. (2004. 3. 28. 주일)

256. 진돗개

자매와 함께 계곡 마을에서 신작로 마을로 걸어 나왔다. 비바람이 불더니 눈보라가 휘몰아쳤다. 자매가 우산을 펼쳤지만 가눌 수가 없었다. 바닥은 진눈깨비가 얼어붙어 빙판이었다. 어렵게나마 자매는 우산을 받쳤고, 나는 소금을 뿌리며 앞으로 나아갔다. 그러자 신기하게도, 소금이 뿌려진 곳은 조금도 미끄럽지 않았다.

그렇게 얼마쯤 가다가 보니, 개천을 가로지른 다리가 있었다. 다리 건너 강둑에 세워둔 내 차도 보였다. 다리를 건너 자매는 차를 가지러 달려갔고, 나는 잠시나마 쉴 수가 있었다.

다리 건넛마을은 어느덧 봄이 찾아온 듯했다. 해동한 봄날같이 따스했다. 자매와 아들이 그 마을에서 옷가게를 하면서, '주인 없는 바쁜 교회'에 다니고 있었다. 아들이 일을 마치고 목욕한 뒤 옷을 갈아입는 모습이 보였다. 어느새 늠름한 청년으로 자란 아들을 보니 어느 정도 안심이 되었다. 하지만 신앙 생활이 부실해 보여 마음이 편치 않았다.

길 잃은 진돗개 한 마리가 나를 따라 산으로 올라왔다. 비록 짐승이지만, 나를 따른다는 것이 고마워 살짝 안아보았다. 살은 통통하게 쪘으나 몸이 더러웠다. 그래서 그 개를 목욕시켜 주었다. (2004. 3. 31)

257. 성경책

위에서 보면 지하 같고 옆에서 보면 지상 같은 교회당에서 주일예배를 드렸다. 이어서 찬양 예배도 드렸으나 어딘가 모르게 분위기가 썰렁했다. 그때 '회전 고난' 전도사가 중고생 서너 명과 함께 지상으로 올라가는 수직 통로 아래 웅크리고 앉아 있었다. 몇몇 교인은 그들 주변을 왔다 갔다 하면서 서성거렸다.

다소 체격이 뚱뚱한 목사님이 예배를 인도하면서 강대상 위에 100만 원짜리 돈뭉치를 쌓아두고 있었다. 어려운 고학생들에게 장학금을 주려는 듯했다. 그러자 통로에 웅크리고 있던 '회전 고난' 전도사가 소리를 질렀다.

"짜고 주지 말라고 해!"

그러자 그 옆에 있던 학생들이 모두 밖으로 나가버렸다.

얼마 후 목사님이 학생들을 호명했으나 하나도 나타나지 않았다. 그때 지하 창문 밖으로 육교 난간에 서 있는 학생들이 보였다. 그래서 내가 손짓하며 빨리 들어오라고 했다. 하지만 그들은 들어올 기색이 없었다.

목사님이 당황하여 단상 아래로 내려가 무엇이라 한마디 하면서, 출근부 맨 앞쪽 공란에 도장을 두 번 찍고 다시 단상으로 올라갔다. 그때 출근부를 슬쩍 보았더니, 목사님을 제외한 다른 직원은 거의 몇 달 동안 출근하지 않았다. 목사님도 빠진 날이 더러 있었다.

그리고 예배순서가 이어졌으나, 이번에는 '마지막 수난' 교인이 예배를 방해하여 순식간에 난장판이 되었다. 목사님이 화를 이기지 못하고 돈뭉치를 내동댕이치며 자리를 떠났다. 교인들은 서로 싸움이 벌어져 뿔뿔이 흩어졌다.

대다수 교인이 예배당 옆쪽 셔터로 빠져나갔고, 더러는 '회전 고난' 전도사가 앉아 있던 수직 통로를 이용하여 지상으로 올라갔다. 예배당은 금세 아수라장이 되었고, 목사님은 어디론가 자취를 감춰버렸다.

그때 나도 수직 통로를 이용하여 지상으로 나가려고 했다. 그런데 '마지막 수난'이 나를 가로막으며 못 나가게 했다. 그가 우스꽝스럽게 웃으며 조롱했다.

"나가려고? 나가려고?"

"그래, 간다."

그러자 그가 길을 비켜주었다. 나는 사람들을 비집고 수직 통로를 간신히 빠져나왔다. 그런데 너무 서두른 나머지 성경책을 두고 나왔다. 그래서 다시 예배당으로 내려가게 되었다.

그때 손잡이로 사용하는 난간에 만 원짜리 지폐 두 장이 끼어 있었다. 누군가 급히 나가다가 미처 챙기지 못한 것이려니 생각하고, 그 돈을 슬쩍 하여 오른쪽 바지 주머니에 넣고 아래로 내려갔다.

교인들이 빠져나간 예배당은 마치 파장한 장터 같았다. 성경과 찬송가 등이 여기저기 나뒹굴었고, 휴지와 잡동사니 쓰레기들이 사방에 흩날리고 있었다. 그 와중에 몇 사람이 예배당을 정리하는 모습도 보였다.

나는 여기저기 흩어져 있는 책들 속에서 내 성경을 찾기 시작했다. 내 성경은 붉은 표지의 NIV 한영성경이었다. 그래서 우선 표지가 붉은 성경만 찾았다. 어떤 것은 붉었으나 가죽이 달랐고, 어떤 것은 너무 작거나 두터웠고, 어떤 것은 너무 낡아서 아니었다. 바닥에는 내 성경책이 없었다.

그래서 마지막으로 강대상 위를 보았다. 강대상에 내 성경책이 있었다. 싸움판 중에서 표지가 약간 훼손되었다. 혹시나 하고 펴보니 내 성경이 틀림없었다. 안에 끼워둔 헌금 봉투와 책갈피, 천 원, 오천 원, 만 원짜리 신권, 적어놓은 메모 등이 모두 내 것이었다.

단지 난장판 중에 성경책 표지 뒤쪽 일부가 떨어져 나갔다. 얼마 전 자매와 서로 사준 것으로 아직 새 책이었다. 다행히 뒷부분이 조금 떨어진 것 외에는 모든 것이 그대로였다. 그나마 다행이라는 생각이 들었다.

성경책을 찾아들고 다시 수직 통로를 빠져나왔다. 예배당 옆쪽에 셔터가 열려 있었으나, 신발을 그 통로 위에 벗어두었던 바, 그곳으로 다시 나갈 수밖에 없었다. 지하 예배당을 나와 한숨 돌린 뒤, 자동차를 타고 집으로 돌아갔다.

그런데 가는 길이 공사 중이었다. 우회 도로를 만들어놓기는 했으나 높은 둑을 깎아 만든 임시 도로로서, 승용차가 다니기에 힘들 정도로 급경사와 급커브가 많았다. 그런 난코스를 몇 개 지나니 원래 도로가 나왔다.

그때 내 뒤에서 항상 나를 지켜주시는 분이 기쁜 마음으로 따라오고 있었다. 그래서 힘은 들었으나 마음은 든든했다. (2004. 4. 3)

258. 다리

계약금을 송금하고 땅을 답사하고자 길을 나섰다. 이리저리 꼬불꼬불 이어진 산길은 정말 험했다. 올라가다가 뒤로 미끄러질 때도 여러 번 있었다. 좁고 비탈진 길을 가다가 낭떠러지 아래로 굴러떨어질지 모른다는 생각이 들었다. 주님의 이름을 부르며 기도하며 앞으로 나아갔다.

기도로 힘을 얻어 죽으면 죽으리라는 각오로 목적지를 향해 올라갔다. 산마루에 휴게소가 있었다. 잠시 쉬어가려고 휴게소에 들렀다. 길목이라 오가는 사람이 많았다. 그때 어떤 사람이 서류를 들고 거기까지 찾아와 무슨 확인을 받는 모습도 보였다. 하지만 예산이 8월에 잡힌 것을 알고 크게 실망하는 눈치였다.

피곤하기는 했으나 편히 쉴만한 곳이 아니라는 생각이 들어 일어났다. 그래서 잠시 땀을 식히기 위해 벗어놓은 다리를 착용하려고 보았더니, 그 속이 너무 지저분했다. 머리카락을 비롯하여 가랑잎과 거미줄 같은 먼지로 가득 차 있었다.

처음에는 손으로 통 속을 문지르며 꺼내다가, 나중에는 거꾸로 들고 한 꺼번에 털어버렸다. 그리고 보니 속에 각질층 같은 것이 있었다. 옆 사람이 들고 있는 꼬챙이를 빌려 그마저 긁어내고 떨어냈다.

그러자 다리가 외관상 깨끗했다. 그런데 여기저기 틈새가 생긴 것이 보였다. 진흙을 개어 틈새를 메우고 상하좌우 안팎에 발랐다. 다리가 한결 가볍고 산뜻했다. (2004. 4. 7)

259. 도망자

돈 사정이 어려워 카드대금 결제를 못 했다. 예정된 잔금마저 들어오지 않아 사정은 더욱 나빠졌다. 내가 할 수 있는 유일한 소호 사업이 위기를 맞고 있었다. 그래서 조마조마한 나날을 보내던 차, 엎친 데 덮친 격으로 '순한 여인'이 빚을 갚지 않는다고 고소하여 졸지에 도망자 신세가 되었다.

집도 절도 없이 똥차에 몸을 싣고 부평초처럼 떠돌아다녔다. 할 일도 없고, 오라는 곳도 없어 일부러 차 신호를 기다리기도 했다. 경찰의 불시검문을 피하려고 항상 신경을 곤두세웠다.

어느 날 길가에 차를 세우고 무료함을 달랬다. 사람들이 자꾸 다가와 길을 물었다. 불안한 나머지 차를 몰고 무작정 서울로 올라갔다. 서울에 들어가자 '이익 도래'가 좁은 길을 통해 어느 증권회사로 들어가는 모습이 보였다. 그 뒤를 따라 골목길로 들어갔다.

그때 어떤 사람이 증권회사 뒷골목에서 즉석우동을 팔고 있다가, '이익도래'에게 마지막 남은 한 그릇을 팔아달라고 사정했다. 그러자 그가 귀찮아하면서 팔아 주었다. 그런데 그 우동을 먹지 않고 그대로 뒤쪽으로 던져버렸다.

그는 배가 고프지도 않았고 돈도 여유가 있었다. 하지만 나는 배가 고파 가락국수 한 그릇을 사 먹게 되었다. 그때 누군가 만두를 먹다가 몇 개 남겨둔 것이 있어 눈치를 살피며 조심스럽게 주워 먹었다.

나는 여전히 도망자 신세로 어느 골방에 숨어 있었다. 그때 '좁은 계곡' 노인이 콧노래를 부르며 복도를 따라 걸어오고 있었다. 그도 돈 사정이 어렵기는 마찬가지였으나, 최근에 조금 나아져 큰 어려움이 해소되었다.

얼마 후 나는 다시 직장으로 돌아갔다. '가벼운 선'이 업무조정과 자리배치를 검토하고 있었다. 그리고 그가 모든 직원을 불러놓고 회의를 했다. 내가 보기에 상당히 합리적이었다. 그러나 어떤 사람은 팀이 늘어나는 것을 우려했다.

1997년 후반기, 우연히 알게 되어 빚으로 투자한 사업이 있었다. 그 사업이 하루속히 추진되어 모든 빚이 갚아지기를 바랐다. 그런데 사업이 어렵게 되었다고 하면서, 어느 식당 한편에서 대책회의가 열리고 있었다. 여러 의견이 개진되었으나 해결책이 없었다. 그러다가 하나씩 둘씩 자리를 떠나고 서너 명만 남았다.

그때 '불의 아들'이 내 어깨를 잡더니 이렇게 말하고 지나갔다.

"어느 집주인이 세입자에게 돈이 없으니 이것만 받아가라고 하면서, 전세보증금 3,000만 원을 다 돌려주지 않고 2,000만 원만 주고 떠났다. 하지만 세입자는 아무 말도 할 수가 없었다. 이게 현실이니 어찌하겠느냐?"

대책회의는 끝났으나 못내 아쉬웠다. 그래서 회의에 참석한 한 자매에게 물어보았다.

"그러면 사업이 완전히 깨어진 거요?"

"그런 것 같아요. 군수님이 장기적으로 시행한다고 했지만, 지금 형편으로는 어렵지 않겠느냐고 하면서 오히려 반문했다고 합니다."

너무 허탈하여 맥없이 그곳을 빠져나왔다.

어느 산길을 따라 올라가고 있었다. '성공 권세'가 나와 동행했다. 그는 내 앞에서 성큼성큼 잘도 올라갔으나, 나는 기진맥진하여 비틀거리고 있었다. 그렇게 어느 곳에 이르자 작은 낭떠러지가 있었다. '성공 권세'는 이미 그곳을 지나가 있었으나, 나는 여전히 난간에 매달려 버둥거리고 있었다.

'성공 권세'에게 도움을 청했더니, 마지못해 손을 내밀어 주기는 했으나 끌어당겨 주지 않았다. 그래서 나는 혼자 힘으로 올라가려고 애썼다. 처음에는 힘이 들었으나 얼마 뒤 올라가게 되었다.

다시 길을 가면서 '성공 권세'에게 섭섭한 감정을 표시했으나 그는 여전히 냉소적이었다. 벌거벗은 내 몸에 담뱃불까지 문지르고 달아났다. 그는 철저하게 이기적이었다. 낭떠러지를 힘겹게 벗어난 나는 벌거숭이로 길을 걷고 있었다.

그렇게 산마루에 올라가 보니 마을과 시장이 있었다. 나는 사타구니만 두 손으로 가리고 한쪽 구석으로 몸을 피했다. 그리고 앞을 보니 들마루에 앉아 휴식을 취하는 '큰 그릇'이 있었다.

그는 직장을 다닐 때 내게 다소간의 도움을 받았던 사람이다. 그래서 내 어려운 형편을 도와줄 것이라는 생각이 들어 그를 불렀다. 그러자 그는 내가 말하기도 전에 내가 무엇을 필요로 하는지 알아채고, 메리야스와 바지를 사오겠다고 하면서 급히 시장으로 달려갔다.

그런데 '마지막 덕'은 예전의 내 상사였음에도 불구하고, 나를 힐끗힐끗 쳐다보면서 그냥 지나갔다. 그는 내가 너무 오랫동안 어려움을 겪는 것을 보고, 이제는 도와주어도 더 이상 소용이 없다고 생각하는 듯했다. (2004. 4. 10)

260. 트랙터

'웃돈'이 땅을 사고 불평하여 현장을 돌아보았다. 2차선 아스팔트 도로가 접하고 위치도 좋은 옥토 밭이었다. 그런데 다른 곳으로 신도로가 개통되어 약간 한산한 편이었다. 그가 원할 경우 계약을 해지하려고 했지만 그럴 생각이 없다고 해서 그냥 돌아왔다.

길가에 세워진 지프가 헛바퀴만 돌아가고 있었다. 바퀴가 얼마나 열을 받았는지 불꽃이 튀었다. 금방 차에 불이 붙을 것 같았다. 서둘러 시동을 끄고 키를 뽑았더니, 굉음을 내며 돌아가던 바퀴가 멈추었다.

그때 차가 45도 각도로 비스듬히 누워 있었고, 핸들도 1/4쯤 돌려져 바퀴가 틀어져 있었다. 그런데 시동을 끄자 핸들이 스스로 바로잡히고, 차가 갓길 주차 구역으로 들어가 반듯하게 세워졌다.

법무사를 불러 이전 등기를 하려고 했으나 일이 밀려 점심시간까지 지체되었다. 그래서 밖에 나갔다가 볼일을 보고 '웃돈'과 함께 법무사를 찾아갔다. 그런데 사무실이 책장 하나에 어린이용 의자 몇 개만 달랑 있었다. 게다가 사무실 안에 좌변기도 아닌 수세식 변기가 칸막이도 없이 있었다. 어떤 자매가 막 변을 보고 나갔다.

그런데 변기가 막혀 변이 내려가지 않고 수북이 쌓여 있었다. 용변을 보려고 했으나 바로 앉을 수가 없어 엉거주춤한 상태로 자리를 잡았다. 그러다가 나도 모르게 물통 손잡이 줄을 잡아당겼다. 그러자 수북이 쌓인 변이 깨끗이 내려갔다. 혹시나 하고 다시 한 번 줄을 당겼더니 물이 시원스럽게 내려갔다.

그리고 모든 일을 마치고 '웃돈'과 헤어져 사무실로 돌아왔다. 내 사무실은 법무사 사무실 바로 맞은편에 있었다.

새벽기도 후에 잠시 누워 눈을 감았더니, 또 다른 환상이 보였다. 양지바른 산기슭에 돔형으로 지어진 하얀 교회당이 있었다. 사람들이 인산인해를 이루었다. 그때 나는 신작로를 따라 올라가고 있었다. 하지만 엄청난 눈이 내려 발을 옮길 수가 없었다.

그때 위쪽에서 트랙터로 보이는 중장비 한 대가 급히 내려오고 있었다. 몸을 비켜야 했지만 눈 때문에 몸을 가눌 수가 없었다. 그래서 옆으로 몸만 살짝 비킨 채 트랙터가 지나가기를 기다렸다.

트랙터가 굉음을 내면서 미끄러지듯 지나갔다. 트랙터 바퀴가 내 다리를 살짝 스쳤다. 무감각한 다리여서 망정이지 그렇지 않았다면 큰일이 날 뻔했다. 한숨 돌리고 다시 위로 올라가려고 보니, 트랙터가 지나간 자리에 산뜻한 길이 나 있었다. 큰 빙벽이 양쪽으로 세워진 것 같았고, 얼어붙은 홍해를 건너는 듯했다.

그래서 수월하게 교회당으로 올라갔다. 작고 아담한 교회당이었다. 아침 햇살이 싱그럽게 비추었다. 거기는 눈이 없었고, 봄날같이 따스했다. 거리에 사람들이 오가고 있었으며, 모든 것이 마냥 평화로웠다. (2004. 4. 13)

261. 장미꽃

교회당 안에 사람들이 분주히 오가고 있었다. 나는 '최종 규범'과 함께 서류와 책상, 캐비닛 등을 정리했다. 그때 '선한 뿌리' 목사님이 와서 말했다.

"내일 '푸른 솔 맑은 나라'로 교회당을 이전합니다."

다음 날 아침, 한 자매가 양푼에다 밥을 수북이 푸더니, 그 위에 '아침의 영광'이라는 식물을 뿌리째 얹는 것을 보았다. 그 식물은 어제저녁, 내가 화단에 심은 것이었다. 그래서 이상히 여겨 물어보았다.

"이 식물이 왜 여기 있지요?"

그러자 자매가 말했다.

"이른 아침, 목사님이 화단에서 캐온 거예요. 이사 가는 곳에 옮겨 심으려고요."

그 말을 듣고 나는 흡족히 여겼으나, 어제 심은 식물을 하루도 지나지 않아 다시 옮기게 되어 몸살을 하지 않을까 걱정되었다.

이사 준비를 마치자, 한 자매로부터 전화가 왔다. 축하 꽃다발을 사오라는 것이었다. 그때 마침 장미꽃을 가득 실은 트럭이 밖에 서 있었다. 출입문을 열자 마치 대기하고 있었다는 듯이 꽃 파는 아저씨가 장미꽃 한 다발을 안고 들어왔다.

그런데 그 장미꽃을 보니, 서너 송이는 이미 활짝 피어 금방 떨어질 것 같았다. 그래서 바꿔 주기를 바랐으나 그는 손으로 꽃을 쓰다듬어 모으며 신문지에 그대로 싸서 포장했다.

그때 어떤 사람이 강단에서 설교하고 있었으나, 그 장미가 마음에 걸려 말씀이 들리지 않았다. 그러다가 예배가 끝날 때 내 이름이 들려 화들짝 놀랐다.

"그러므로 임 형제님을 유학시켜 일꾼으로 사용합시다!" (2004. 4. 14)

262. 생식기

계단식으로 조성된 보리밭이 보였다. 위쪽 보리밭에서 맑고 깨끗한 물이 철철 흘러넘치고 있었다. 그 물로 인해 보리는 더욱 싱그럽고 건강하게 자랐다.

어느 허름한 한옥에서 쉬었다. 겉옷을 벗고 다리를 풀어 속옷만 입은 채 홑이불을 덮고 누워 있었다. 그때 흰옷 입은 자매가 다가와 선반 위에 얹힌 물건을 내리더니 내게 건네주었다.

그 물건을 받아보니 내 생식기였다. 생식기까지 떼어 선반 위에 올려놓고 자리에 누운 것으로 보였다. 그걸 보는 순간 이제 일어날 때가 되었다는 생각이 들었다. 그래서 생식기를 사타구니에 갖다 붙였더니 예전대로 성하게 되었다. 그리고 다리를 착용하고 겉옷을 입었다. (2004. 4. 19)

263. 일기

일기를 쭉 써 내려가고 있었다. 그런데 지난날 일기 가운데 무엇이 잘못되어 다시 쓰기 시작했다. 그러자 그 뒷날까지 모두 다시 써야 했다. 그래서 수십 장에 이르는 일기를 다시 쓰게 되었다.

그러다가 마지막 서너 장을 남긴 상태에서 피곤함을 느꼈다. 멈칫멈칫하다가 마음을 가다듬고 말했다.

"그래, 이제 끝내야 한다!"

그리고 마무리하자 몸과 마음이 홀가분했다. (2004. 4. 23)

264. 죄

언젠가 어디서, 무엇인가 돌이킬 수 없는 죄를 지었다. 그래서 하나님의 진노를 받아 속옷 하나만 걸친 채 방황하고 있었다. 양말을 신지 않은 왼발은 발가락이 없어 부끄러웠고, 바지를 입지 않은 오른 다리는 발이 없어 부끄러웠다.

어느 곳에 이르자 10명가량이 두 줄로 서서 무슨 주의사항을 듣고 있었다. 그래서 나도 그들 뒤에 슬그머니 섰더니, '바른 모습'이 앞에서 소리쳤다.

"나오시오! 상 받을 자격도 없는 사람이 왜 거기 서 있는 거요?"

나는 너무 부끄러워 부랴부랴 그곳을 빠져나왔다. 그리고 여전히 벌거벗고 다녔다. 내 꼴이 보기 싫어 여기저기 숨어 지내다가 보니, 전에 일한 직장이었다. 거기서도 내 벗은 몸이 부끄러워 누가 볼 새라, 한쪽 구석에 처박혀 있었다.

그때 '성역 실현' 과장이 나를 발견하고 노한 모습으로 말했다.

"대체 어떻게 된 거야? 아무 연락도 없이 3일간이나 나오지 않고? 이제 나도 어쩔 수 없어! 징계를 받아야 돼!"

그 말은 듣고 나는 더욱 의기소침하여 한껏 위축되었다. 그런데 잠시 후 그가 조용히 다가와 손을 내밀었다. 그때 그의 표정을 보니 직감적으로 나를 용서했다는 사실을 알았다. 너무 감격해서 말했다.

"제가 잘못했습니다. 용서해 주십시오. 앞으로는 정말 잘해 보겠습니다."

나는 그 용서가 눈물겹도록 감사했다. 그러자 즉시 화해하게 되었다. 그러나 나의 벌거벗은 몸은 여전히 그대로 있었다. 정말 부끄럽고 민망했다.

그 일이 있고 난 뒤에도, 나는 여기저기 돌아다니며 방황하다가 전에 다니던 학교로 갔다. 그 학교는 남녀공학이라 여학생이 있었다. 그래서 나는 더욱 부끄러웠다. 그러나 더는 피할 수가 없었다. 마음을 담대히 하고 복도를 따라 우리 반 교실을 찾아갔다.

'바른 태도'가 기다리고 있다가, 그가 입던 운동복을 내게 던져주었다. 하지만 그는 키가 작은 사람이고, 나는 키가 큰 사람이라 맞지 않았다. 그래서 그 옷을 돌려주고 나오다가 내 팬티를 한껏 끌어내렸다. 그러자 다리는 어느 정도 가려지게 되었다.

그리고 우리 반 교실에 들어가 보니, 모두 야외 행사에 나간 듯 텅 비어 있었다. 그래서 양말을 찾아 신으려고 했다. 그런데 전부 여자 양말이었다. 남자 양말은 하나도 없었다. 부득이 빨아놓은 여자 양말 가운데 한 켤레를 걷어들고 내 책상으로 가려고 했다.

그때 한 여학생이 다가와 한 켤레에 800원짜리 양말이 있다고 하면서 보여 주었다. 모두 나일론 양말이었다. 면양말은 없느냐고 물었더니 없다고 했다. 그냥 여자 양말을 신는 게 낫다는 생각이 들었다. 면양말이 미끄럽지 않고 땀을 잘 흡수했기 때문이다. 하지만 그 양말 주인이 누군지는 생각지 않았다. (2004. 4. 25. 주일)

265. 돌산

관광버스를 타고 여행을 하다가 어느 휴게소에 들렀다. 어떤 사람이 몰래 카메라로 음란한 장면을 촬영하는 모습이 보였다. 그 옆에 부정한 여인이 음란한 남동생을 학대하고 있었다. 참다못한 남동생이 자리를 박차고 일어나 어디론가 떠나갔다. 그러자 그녀도 야한 뒷모습을 보이며 뒤따라갔다.

그럴 즈음, 버스에서 내린 여행객 아이들이 배가 고프다고 졸랐다. 안내원이 잠시만 기다리라고 하면서 달랬다.

"직원이 확인하러 갔어요. 그가 돌아오면 1인당 800원에 식사할 수 있어요!"

그리고 얼마 후 다시 한 곳에 이르렀다. 거친 돌산이 우리 앞을 가로막았다. 그 돌산을 돌아가는 길은 더욱 험했다. 우리는 일단 그곳에서 야영을 하기로 했다. 거기서 가장 위험하다는 곳을 둘러보았다. 아래쪽에 물이 고인 웅덩이가 있었고, 웅덩이 바닥에 날카로운 돌들이 널려 있었다. 그곳을 지나가다가 떨어지면 아무도 살아남기 힘들어 보였다.

상상만 해도 끔찍했다. 웅덩이에 내려가 날카로운 돌들을 치우고, 완충장치가 될 만한 포대기를 주어다가 깔았다. 그러자 다소 안심이 되었다. 야영하려고 바위 사이에 짐을 풀었다.

그런데 밤이 이슥하여 사람들이 하나둘씩 그곳을 빠져나갔다. 나중에 보니 일찍 자리에 누운 나를 포함하여 몇 사람만 남았다. 주변을 돌아보니 적막강산이었고, 스산한 느낌마저 들었다. 어두컴컴한 산속이라 갑자기 무서운 생각이 들었다. 그래서 부랴부랴 짐을 챙겨 그곳을 떠나려고 했다.

(2004. 4. 27)

266. 냉담

'영원한 낙원'과 함께 회의용 탁자를 앞에 두고 나란히 앉아 있었다. 그때 '이기자' 자매가 어린 딸을 데리고 산마루에 올라오고 있었다. 어찌 된 일이냐고 물었더니 늦둥이 딸을 낳았다고 했다.

'이기자' 자매는 일찍이 아들 하나만 낳고 단산했다. 그 딸을 보니 아직 걸음마도 제대로 못 했다. 그런데 그 아이가 앞으로 엉금엉금 기어 나오더니, 우리가 있는 옆쪽 언덕 아래로 굴러떨어졌다.

그 아래는 쓰레기더미가 있었다. 그 속으로 곤두박질쳤다. 깜짝 놀라 아이를 구하라고 소리쳤다. 하지만 내 옆에 있는 '영원한 낙원'도, 그 아이 어머니 '이기자' 자매도, 모두 아무 일도 없는 양 가만히 있었다.

나는 흥분하여 탁자를 옆으로 밀어젖히며 아이부터 구하라고 소리쳤다. 하지만 그들은 냉담했다. 아이를 보니 몸은 쓰레기더미 속에 아예 파묻혀 버렸고, 정수리 부분만 살짝 드러나 있었다. 아이가 이상한 신음소리를 냈다.

그때 나는 의리의 사나이 '영원한 낙원'과, 아들을 위해 직장까지 그만두었던 맹모 여성 '이기자' 자매의 냉담한 반응이 정말 믿기지 않았다. 하지만 내가 직접 아이를 구할 생각은 하지 못했다. (2004. 4. 28)

267. 곡조

내 영혼이 쇠잔하면서 살아 있는 모습에 회의를 느꼈다. 모든 것을 정리하고 주님이 계신 나라로 당장 달려가고 싶었다. 하지만 빚이 있어 그럴 수 없었다. 몸도 마음도 모두 지쳤다. 일산 교회에서 주일예배를 드리고 파주 기도원으로 올라갔다. 개인 기도실에서 한껏 부르짖었더니, 주님이 나의 애통함을 들어주신 듯했다. 마음이 한결 가벼웠다.

기도원에서 오후 예배를 드리고 하산하여 잠자리에 들었다. 그때 귓가에 조용하고 은은한 노랫소리가 반복해서 들려왔다. 잠이 들지 않았으니 분명히 꿈은 아니었다. 그것은 난생처음 들어보는 하늘의 곡조였다.

"기다리니 웃음 크네. 기다리니 웃음 크네. 기다리니 웃음 크네." (2004. 5. 2. 주일)

제9편

쇠잔한 영혼

268. 학점

정신없이 분주하게 살다가 보니, 대학을 두 곳이나 등록한 사실을 까맣게 잊고 있었다. 강의를 많이 빠지기는 했으나 수강하려고 다시 학교를 찾았다. 외국인 교수가 영어로 가르치고 있었다. 어느 정도 알아듣기는 했으나 못 알아듣는 것도 많았다. 그때 스크린에 'BOLAND'라는 허름한 간판이 보여 물어보았더니, 유럽식 요리를 전문으로 하는 식당이라고 했다.

그리고 다른 대학을 찾아갔다. 길이 어찌나 좁고 꾸불꾸불하든지 자동차 문짝이 닿아 긁히기도 했다. 곡예 운전을 하면서 나아갔다. 길이 더욱 좁아져 자전거로 바꿔 탔다. 어떤 자매가 내 뒤에 타고 있었다. 나중에 보니 그 자매 뒤에 또 한 자매가 있었다.

두 자매를 자전거에 태우고 힘들게 나아갔다. 좁은 길 하나를 겨우 통과하고 다른 좁은 길로 들어섰을 때, 한 자매가 내리더니 말했다.

"이 길로 똑바로 내려가면 길이 넓고 평탄하여 가기 쉬워요!"

그래서 우리는 그 길로 들어섰다. 정말 넓고 평탄한 길이 나왔다. 바로 학교에 이르렀다. 그곳은 학교 후문으로 보였다. 옆에 자전거 보관소까지 마련되어 있었다.

이 학교 강의와 학점제는 색달랐다. 강의는 주로 실생활에 관한 것이었고, 결석과 지각, 조퇴, 성적 부진 등의 이유로 학점이 떨어질 경우, 그에 상응하는 선한 일로 부족한 점수가 채워졌다.

나는 그동안의 벌점으로 F 학점에 가까웠으나, 무슨 일로 부족한 점수가 채워져 A 학점에 이르고 있었다. 그때 두 대학의 동시 수강이 어렵다는 사실을 깨닫고, 외국인 교수의 강의를 포기하기로 했다. (2004. 5. 5)

269. 강등

　인사 책임자가 공문을 작성하라고 넘겨준 서류를 보니, 이번에 승진한 사람들의 명단이었다. 진급자 10여 명의 인적사항을 보니 '마지막 덕'이 서기관에서 부이사관으로 승진했고, 마지막에 내 이름도 있었다. 나는 주사에서 사무관으로 승진한 것으로 보였다.

　뜻밖의 승진에 감개무량하고 있을 때, '마지막 덕'이 내 옆에 와서 축하한다고 인사했다. 그런데 정식 공문을 살펴보다가 믿기지 않는 사실을 발견했다. 다른 사람은 모두 승진이었으나 나는 강등이었다. 이상해서 다시 보았으나 분명한 사실이었다.

　그런데 사무관에서 주사로 강등했다. 6급에서 7급으로 강등한 게 아니라, 5급에서 6급으로 강등했다. 그러니까 나도 모르는 사이에 6급에서 5급으로 승진했다가, 다시 6급으로 내려간 것이다. 그래서 이것도 하나님의 뜻이라는 생각이 들어 무덤덤했다.

　그리고 얼마 후 다시 승진 계획이 있었다. 이번에는 확실히 승진할 것이라는 생각이 들었다. 이후 일상적인 직장 생활에 충실했다. '바른 수순' 친구가 나와 함께 있다가, 부모님께 드리지 못해 아쉽다고 하면서 작은 선물을 준비했다. 그리고 내게는 식사나 같이하자고 하여 그와 함께 식당으로 갔다. (2004. 5. 16. 주일)

270. 짐승

그저 몽롱한 상태에서 이리저리 빈둥거리며 허송세월하고 있었다. 그러던 어느 날 정신을 가다듬고 주변을 살펴보니, 어느 큰 저택에 갇혀 홀로 지내고 있었다. 그 사실을 알게 된 나는, 갑자기 무서운 생각이 들어 여기 저기 돌아다니며 문을 닫아걸었다.

그러고 보니 아니나 다를까, 머리는 거북이 같고, 몸은 뱀 같고, 꼬리는 새우 같은, 그리고 지네같이 마디가 있는 짐승이 있었다. 이미 여러 사람을 상하게 하고 잡아먹은 듯했다. 그때 비록 보이지는 않았으나, 어떤 사람의 차력으로 그 짐승의 목뼈가 부러졌다. 그러자 그 짐승이 물속으로 들어가 사방을 누비고 다니며 닥치는 대로 횡포를 부렸다. 최후의 발악인 듯 한껏 기승을 부렸다.

그러자 '거룩한 기운'이 나타나 그 짐승의 꼬리를 잡고 마디를 꺾어버렸다. 짐승은 더 이상 힘을 쓰지 못하고 그 자리에서 죽었다. 그가 짐승의 사체를 건져 강변에 올려놓았다. 그런데 그 짐승은 덩치도 크지 않고 생긴 것도 하찮았다. 정말 어처구니없었다.

"요런 짐승이 어찌 그런 큰일을!"

그러자 '거룩한 기운'이 말했다.

"아무리 하찮은 짐승도 자기만의 무기를 가지고 있기 마련이며, 아무리 강한 짐승도 모가지와 꼬랑지가 동시에 부러지면 버틸 수 없지!"

장애인 단체에 가 보니 낯익은 사람들이 일하고 있었다. '최후 성공'이라는 사람은 목발을 짚고도 열심히 일했으나, '위선 수단'은 여전히 옆에서 말만 하고 일하지 않았다. 그들의 일은 오토바이와 자전거를 일렬로 가지런히 묶는 것이었다.

그때 맨 아래쪽의 오토바이가 넘어지자 연결된 다른 자전거까지 모두 휘청거렸다. 그래서 내가 옆에 있다가 소리를 질렀다.

"저걸! 저걸! 저걸!"

그러자 '최종 성공'이 영문을 몰라 물었다.

"뭘? 뭘? 뭘?"

그러다가 아래쪽 오토바이가 넘어지자 '최종 성공'이 알아채고, 불편한 몸으로 오토바이를 세우러 갔다. 그때 나는 중간쯤에서 자전거를 잡고 도미노 현상을 막았으나, 묶어놓은 줄이 이리저리 꼬이고 말았다. 간신히 오토바이와 자전거를 바로 세웠다. 하지만 바닥이 진흙이라 옷과 신발이 엉망진창 되었다.

자전거와 오토바이가 바로 세워지자, '최종 성공'이 이리저리 돌아다니며 줄로 묶기 시작했다. 나는 내 발에 묻은 진흙을 제거하려고 했다. 그런데 개구리 같은 짐승이 징그럽게 찰싹 달라붙어 있었다. 막대기로 제거하려고 했으나 그것도 여의치 않았다. 손으로 한 마리씩 일일이 잡아 길가에 던졌다.

그런데 그 짐승들은 오징어같이 생긴 발로 꽉 움켜잡고 떨어지지 않았다. 거머리같이 살 속으로 파고드는 것 같아 징그럽기 그지없었다. 한참을 애써 거의 제거하기는 했으나, 마지막으로 왼발 네 번째 발가락이 없는 사이에 서너 마리가 꽉 처박혀 있었다. 마지막 힘을 다해 개구리들을 뜯어낸 뒤, 그 부위를 씻기 위해 물가로 가면서 말했다.

"어휴, 징그러워! 정말 징그러워!"

어느 성벽을 오르다가 마지막 순간에 위를 쳐다보니, 머리 위에 90도 각도로 튀어나온 대리석 벽이 있어 잡을 데가 없었다. 그래서 겁을 먹고 성벽 중간에 머무르게 되었다. 아래를 보니 까마득했다. 바로 위에 사람들이 있었으나 세상 연락을 즐기는 것으로 보였다.

얼마 후 위에 있는 사람들이 밧줄을 내려주었다. 오른손에 탱탱 감았다. 그런데 위험하다는 이유로 나를 끌어올리지 않았다. 그때 여자 친구가 줄을 타고 내려와 내 속옷에다 밧줄을 묶었다. 어이가 없어 말했다.

"속옷이 벗겨지면 나는 아래로 떨어져 죽을 것이고, 사람들에게 망신까지 당할 게 아닌가?"

그러자 여자 친구가 줄을 타고 위로 올라가 버렸다. 그래서 나는 여전히 성벽에 남았다. (2004. 5. 22)

271. 장의사

황량한 들판을 홀로 걷고 있었다. 가끔 세찬 바람이 휘몰아쳤고, 길이 떨어지고 없어 위험하기도 했다. 그런데 얼마 앞에 어떤 자매가 역시 홀로 걸어가고 있었다. 그녀와 앞서거니 뒤서거니 하면서 들판의 논둑길을 지나갔다.

가다가 보니 앞에 강이 나타났다. 강에 징검다리가 있었다. 일렬로 가지런하게 놓이지 않고, 지그재그로 아무렇게 있었다. 그래서 요리조리 건너다가 돌이 흔들려 물에 빠지고 말았다.

그러자 뒤따르던 자매가 손을 내밀어 내 다리를 붙잡아 주었다. 그래서 자매와 함께 강가로 나왔다. 자매는 안타까운 표정으로 물에 젖은 내 발을 만지며 말려주려고 했다. 오른쪽 다리는 푹 빠져 많이 젖었으나, 왼쪽 다리는 적게 빠져 덜 젖었다. 그때 자매의 남편에게 오해를 사지 않을까 싶어 두려웠다.

그리고 다시 길을 떠났다. 이번에는 험하기 그지없는 산길이 나타났다. 좁은 길에다 곳곳이 낭떠러지였고 꾸불꾸불했다. 게다가 세찬 비바람까지 휘몰아쳤다. 그뿐만 아니라 곳곳에 장애물이 있었다. 그 사이사이로 빠져나가기가 정말 힘들었다. 그렇게 어느 산기슭에 이르고 보니, '앞선 여인'이 사나운 땅을 다듬고 있었다. 묵은 묘지처럼 보였다.

그곳을 지나 다시 산마루에 올라 보니 우물이 있었다. 우물 옆에 쉬어갈 수 있는 원두막이 있었고, 원두막 아래 통나무로 만들어놓은 벤치도 있었다. 그 벤치에 앉아 잠시 쉬고 있자니, 아낙네들이 쉴 새 없이 오가며 물을 길어 갔다.

그들 중에 낯익은 여인의 모습도 보였으나, 그녀의 눈길은 사탄의 날카로운 눈초리 같았다. 잠시 후 그 여인도 지나갔다. 나도 자리에서 일어나 길을 나섰다. 아래쪽으로 조금만 더 가면 최종 목적지가 나올 듯했다. 어려운 고비는 거의 다 넘긴 듯 다소 안심이 되었다.

얼마 뒤 조그만 도시에 이르렀다. 대로변에 장의사가 있었다. 그 가운데 한 장의사에서, 유족으로 보이는 사람들이 유해를 안고 나왔다. 그런데 그들은 슬픈 기색이 전혀 없었다. 오히려 기뻐하고 즐거워했다.

다른 장의사 앞에서는, 돈 많은 사장으로 보이는 여인이 무엇인가 헛것을 보고 소스라치게 놀랐다. 그러자 종사자로 보이는 여인이 장의사 안에서 급히 커튼을 내렸다. 그때 나는 길옆에서 그 모습을 지켜보고 있었다.

그리고 얼마쯤 있다가, 그 장의사 앞에 가서 부고로 짐작되는 한지 한

장을 그 여사장에게 주었다. 그러자 그녀는 다시 한 번 크게 놀라며 소리쳤다.

"저 아저씨는 꼭 이럴 때 응용한다니까!"

무슨 소리인지 도무지 알 수가 없었다. (2004. 5. 23. 주일)

272. 통근 버스

어느 집에 이르자 마침 소나기가 퍼붓기 시작했다. 잠시 쉬었다 가려고 방에 들어갔더니, 사람들이 빙 둘러앉아 노름을 하고 있었다. 그들의 면면을 보니, 5명 중에서 3명이 한패였고 2명이 한패였다.

이윽고 날이 밝았다. 시간을 보니 7시 10분이 가까웠다. 출근하려고 서둘러 밖으로 나갔다. 다리를 쩔룩거리며 달려가 보니, 통근 버스가 막 출발하려고 했다. 가까스로 달려가 버스 꽁무니를 두드렸다. 버스가 서고 뒷문이 열렸다. 시발역이라 서너 명이 뜨문뜨문 앉아 있었다.

얼마 뒤 서너 명이 더 탔다. 한 자매가 내 옆에 앉았다. 도시락을 들고 있었다. 우연히 자매의 손등을 만지게 되었다. 자매의 손등은 거북등처럼 꺼칠꺼칠했다. 그때 자매가 말했다.

"도시락을 옆으로 옮겨놓을까요?"

그리고 도시락을 오른편에서 왼편으로 옮기며 옆으로 살짝 비켜 앉았다. 그리고 다시 얼마쯤 가다가 사람들이 더 타서 버스는 만원이 되었다.

그때 어떤 형제가 눈치를 살피며 말했다.

"노약자석에 가서 앉지."

그리고 어떤 젊은이와 함께 경로석에 앉았다. (2004. 5. 24)

273. 물고기

어느 냇가에서 물고기를 잡았다. 큰 고기는 보이지 않았으나, 다양한 종류의 작은 고기는 무수히 많았다. 들통으로 8할 정도 잡아 손질했다. 그때 몇 마리가 물가에 튀어 나갔으나, 한두 마리씩 다시 잡아 양동이에 집어넣었다. 고기가 작고 깨끗하여 배를 따고 내장을 꺼낼 필요가 없었다. 그냥 깨끗이 씻기만 하면 됐다.

그리고 일어나 나올 때, 감동이 있어 하늘을 향해 소리쳤다.

"오, 아버지 하나님이시여! 정말 감사합니다. 제가 주님을 사랑합니다!"

새벽녘에 환상을 보다가 감동하여 실제로 그렇게 부르짖었다. (2004. 6. 4)

274. 불덩이

장애인 단체장이 어디를 가려고 했다. 운전기사가 지하주차장으로 내려가는 모습이 보였다. 나도 슬금슬금 뒤따라갔다. 지하실이 많이 파헤쳐져 있었고, 상하수도 배관이 드러나 있었다. 팬 깊이와 규모가 상당히 컸다. 여기저기 누수도 있었다. 내려가다가 말고 되돌아 나왔다.

그런데 운전기사가 끌고 나온 것이 승용차가 아니라 보잘것없는 개 한 마리였다. 아무 말 없이 서서 묵묵히 지켜보던 단체장이 어이가 없다는 듯이 한마디 했다.

"나보고 저놈을 타고 가란 말이냐?"

그때 불덩이 하나가 갑자기 단체장 앞에 떨어지더니 잔디밭과 숲 속으로 날아갔다. 나는 큰불이 날 것이 두려워 급히 자리를 피했다.

그리고 얼마 후, 몇 사람이 내 뒤를 따라오며 말했다.

"화재 피해액이 300만 원이 넘는다고 하더라."

"그래도 쉽게 진화되어 다행이지 뭐."

그 말을 듣고, 사람들이 나를 방화자로 주목하지 않을까 싶어 두려웠다.

(2004. 6. 5)

275. 행정관

내가 청와대 행정관으로 발령이 났다. 직급은 4급이었고, 여직원 1명이 보조로 있었다. 얼마 후 나는 2급으로 승진했고, 여직원 1명이 더 늘어났다. 그런데 내 책상이 대통령 책상과 나란히 놓여 있었다. 대통령 책상과 의자 사이를 지나가 민망하기 그지없었다.

더욱이 내 의자에는 하얀 천이 보기 좋게 잘 씌어 있었으나, 대통령 의자에는 어두침침하고 투박한 천이 덮여 있었다. 그 또한 보기에 좋지 않았다. 그나마 천이 벗겨져 의자 밑에 구겨져 있었다. 그래서 여직원과 함께 반듯이 씌우려고 했다. 그런데 대통령이 그대로 두기를 원했다. 표정이 영 밝지를 않았다. 무언가 깊은 수심에 잠겨 있었다.

그때 내가 처리할 뱀 2마리가 있었다. 우선 작은 놈 한 마리를 처리했다. 그러자 조금 큰 놈은 스스로 죽어버렸다. 그래서 두 마리가 한꺼번에 처리되었다. (2004. 6. 6. 주일)

276. 세일즈맨

친구들과 함께 길을 걷고 있었다. 나를 부르는 소리가 있어 돌아보니, '기발한 착상'이었다. 그가 와서 말했다.

"요즈음 돈 좀 벌었나?"

느닷없는 질문에 어리둥절해하자 옆에 있던 친구가 말했다.

"저 친구는 오디오(audio)를 파는 세계 최고의 세일즈맨이야. 돈을 벌었다고 하면 그걸 사라고 할 거야." (2004. 6. 7)

277. 모금

여행 중에 돈이 떨어졌다. 내가 인솔하던 사람들의 발이 묶였다. 그들 중에는 내 가족도 있었고, 친목회 회원도 있었으며, 아이들도 있었다. 우리는 사람들이 오가는 길목에서 노래를 부르기 시작했다. 그때 나는 마스크를 쓰고 앉아 돈을 모금했다.

세계 각국의 다양한 사람들이 지나가며 동전 3개씩을 던져주었다. 생전 처음 보는 다양한 동전들이 모이기 시작했다. 그냥 지나치는 사람도 더러 있었으나, 동전 3개씩 도와주자는 데 어느 정도 공감대가 형성되어 대부분이 동참했다.

그러다가 천 원짜리 한국 지폐가 모이기 시작하더니 수북이 쌓였다. 나중에는 만 원짜리를 내고 거슬러가는 사람도 있었다. 순식간에 상당한 돈이 모금되었다. 그래서 우리는 관광지 안으로 들어갔다. 마당에 전세 버스 두 대가 나란히 서서 대기하고 있었다. 그중에 한 대가 우리를 태울 것으로 보였다. (2004. 6. 8)

278. 앞선 여자

스스로 독신이라는 자매가 한 여자를 소개해 준다고 하면서 내게 다가왔다. 나는 그 자매가 고맙고 사랑스러워 포옹하며 입을 맞추었다. 그리고 확인 차 독신이 틀림없느냐고 물어보았다.

그러자 사실은 어떤 사람과 동거한다고 했다. 크게 실망하고 돌아서 화장실 문을 열었더니, '앞선 여자'가 화장실 청소를 하다가 화들짝 놀랐다. 나를 몰래 지켜보고 있었던 것이다. (2004. 6. 9)

279. 정보회사

국내 굴지의 그룹 회장 사모님이 다가와 넌지시 말했다.

"남편이 부득이한 사정으로 '미디어 정보 회사'를 당신에게 넘겨줄 거예요."

처음에는 반신반의했으나, 나중에 보니 과연 그 회사가 내게 넘어와 있었다. 그래서 회사를 둘러보려고 복도를 지나가며 보니, 천장 위에 거미줄이 빽빽이 처져 있었고, 거미줄에 아침이슬 같은 영롱한 물방울이 조롱조롱 매달려 있었다. (2004. 6. 10)

280. 보리밭

다리 아래 그리 깊지 않은 강이 있었다. 강에서 아이들이 공놀이를 했다. 다리 위에 높이 솟구친 망대가 있었다. 거기서 어른들이 번지점프를 했다. 어떤 사람은 열기구를 타고 잠자리처럼 높고 푸른 하늘을 이리저리 날아다녔다.

한 자매에게 땅을 맡겼더니 관리가 영 신통치 않았다. 땅이 묵어 쓸모없게 되었는바, 자매의 직무도 유명무실하게 되었다. 얼마의 세월이 흐른 뒤 다시 그 땅을 보려고 갔다. 그런데 예전과 달리 잘 가꾸어져 있었다. 옆 땅과 일 단지로 조성되어 보리가 심겨 있었다.

옆 땅의 보리는 노릇노릇하여 연약해 보였으나, 내 땅의 보리는 짙은 녹색을 띠면서 무성하게 자랐다. 군데군데 웃자란 것이 보여 다소 안타까운 마음이 들었지만 대체로 만족했다. 마을로 내려가 그 자매를 만나 보니, 자신의 직무를 성심성의껏 수행하고 있었다.

그리고 얼마의 시간이 지나 그 마을을 지나면서 보니, 보리밭으로 올라가는 어귀에 붉은 글씨로 '분양'이라는 깃발이 꽂혀 있었다. (2004. 6. 12)

281. 넝쿨

지프의 힘을 믿고 모래밭에 자라난 넝쿨 위를 지나갔다. 그런데 지극히 하찮아 보이던 넝쿨이 자동차 바퀴를 이리저리 옭아매 더 이상 나아갈 수 없었다. 급기야 바퀴 덮개가 튕겨 나갔다. 사륜구동으로 전환하여 가까스로 빠져나왔으나, 모래밭의 넝쿨이 지프 바퀴의 덮개 3개를 망가뜨리고 타이어 1개를 펑크 냈다.

모래밭에서 자란 잡초라고 우습게 여겼던 교만이, 사륜구동이라고 철석같이 믿었던 오만이, 나와 지프의 자존심을 여지없이 깔아뭉개 놓았다.

(2004. 6. 13)

282. 연회

VIP가 참석한 큰 연회가 열리고 있었다. 내가 연회장은 아니었으나 연회장을 보좌하는 위치에 있는 듯했다. 초대받은 인사들이 속속 들어와 금방 자리가 채워졌다. 참석이 예정된 인원은 차관급 이상으로 100여 명쯤 되었다. 빈자리를 체크해 보았더니, 한 사람도 빠짐없이 모두 참석했다. 그래서 우선 내가 인사를 했다.

연회가 시작되어 연회장을 따라 연회 장소를 둘러보았다. 한 바퀴 돌다가 보니 대통령 집무실을 지나게 되었다. 그 옆으로 대통령과 총리, 장관이 함께한 주빈석이 있었다. 총리 옆 사람은 이미 자리를 비웠으며, 총리는 얼굴이 붉게 물들어 있었다. 그들 옆을 지나자 두 명이 잔뜩 취해 테이블 아래 신문지를 깔고 누워 있었다. (2004. 6. 14)

283. 송아지

어느 들판 논둑길을 걸어가고 있었다. '도덕 권세'가 어린 송아지 두 마리를 몰고 다리를 건너는 모습이 보였다. 다리 건너편에 작은 언덕이 있었다. 송아지들이 힘겨운 듯 올라가지 못하고 멈칫멈칫하다가, 결국은 다리 아래로 떨어지고 말았다. '도덕 권세'도 같이 떨어졌다.

다리 아래 어른 키보다 조금 더 깊은 물이 흐르고 있었다. 바닥이 훤히 보이는 아주 깨끗한 물이었다. 다리 난간에서 강을 내려다보았더니, '도덕 권세'는 강변에 올라가 있었으나, 어린 송아지들은 그냥 물속에 축 늘어져 있었다.

처음에는 물 위에 둥둥 떠 있다가, 얼마 후 물속으로 가라앉아 버렸다. 그러자 '도덕 권세'가 천천히 옷을 벗더니, 물속으로 들어가 송아지를 끌어올렸다. 그리고 그 옆에서 지켜보고 있던 '성공 수법'에게 넘겨주었다.

그러나 송아지들은 이미 입속에 거품을 물고 있었다. 송아지를 바라보던 '성공 수법'이 그제야 사태의 심각성을 깨달은 듯이 말했다.

"아니 벌써 이렇게 되어 버렸나?" (2004. 6. 19)

284. 낚시

어느 강둑에서 낚시를 했으나 모든 게 부족하고 여의치 않았다. 맞은편에서 '마지막 규율'은 여러 미끼를 가지고 다양한 고기를 잡았다. 그는 자기와 함께하기를 바라는 눈치였으나, 나는 그에게 가지 않고 다른 곳으로 갔다.

내가 간 곳에 사람들이 북적거렸다. 다들 채비를 하느라 정신이 없었다. 그들과 함께하기로 했다. 어떤 사람이 옆에서 떡밥을 만들고 있었다. 사람이 먹는 배를 도마 위에 올려놓고 난도질했다.

그때 하늘에 큰 글자가 드리워져 내려왔다. 한문으로 '金黃綠(금황록)'이었다. 무슨 말인지 알 수가 없었다. 그리고 강둑을 돌아다보니, '마지막 규율'이 짐을 챙겨 떠나고 있었다. (2004. 6. 22)

285. 새 직장

나뭇가지에 그네처럼 줄을 매고 그 위에 앉아 일했다. 그곳이 내 직장이었다. 나무마다 여러 개의 줄이 매달려 있었고, 간혹 썩은 줄도 있었다. 일꾼들 가운데 낯익은 사람도 더러 있었다.

서로 이야기를 주고받으며 즐겁게 일했다. 내가 앉은 나무에 죽은 가지가 있어 부러뜨리려 했으나 쉽지 않았다. 아무래도 자세가 불안하여 거기서 내려왔다. 그리고 다른 나뭇가지에 걸린 줄을 탔다.

얼마 후 신작로를 걸어가고 있었다. 그때 '불꽃 의식'이 다가와 새 직장으로 옮겨줄 테니 조금만 기다리라고 했다. 그리고 '불꽃 의식'이 들판에 있는 어느 사무실의 문을 열더니, 그가 없다고 하면서 다소 멀리 있는 나를 불렀다.

그래서 그 사무실 안으로 들어갔더니, 책상 몇 개와 소파가 있었다. 여직원 두어 명을 포함해 서너 명이 일했다. 그때 여직원이 들고 있는 내 인사카드를 잠시 훔쳐보았더니, 지금 일하고 곳은 '시흥관리소'였고, 새로 일할 곳은 '국유림관리소'였다. 인사발령의 일자가 '10. 1. 9. 부로 인쇄되어 있었다. (2004. 6. 28)

286. 정읍 야산

정읍 야산이 매물로 나와 몇 사람을 데리고 답사를 갔다. 카메라를 가지고 갔다. 위치가 뚜렷하지 않아 그 산을 찾는 데 실패했다. 포기하고 돌아가려다가 그 마을 사람 '어진 순종'을 만났다. 마지막으로 한 번 더 물어보기로 했다. 지적도를 보여주며 설명했으나 역시 모른다고 했다.

그러나 그 산 부근에 자기네 산이 있다고 하면서 거기까지 안내해 주었다. 다행히 그 산은 우리가 찾는 산 바로 옆에 있었다. 그래서 축적 거리와 땅 모양새 등을 비교하며 산을 찾게 되었다.

그 산은 생각과 달리 개천에서 산꼭대기까지 폭이 좁고 길었다. 게다가 상하로 경사가 심하고 좌우로 비탈지게 절개되어 아무짝에도 쓸모없는 것처럼 보였다. 그래서 지적도상에 가위 표시를 하고 되돌아 나왔다. 다만 산이 높고 골이 깊어 물은 상당히 좋았다. 계곡 물이 더없이 맑고 공기도 깨끗했다.

얼마 후 그 산 지하에 동굴이 있다는 사실을 알고, 그 속으로 안내를 받았다. 동굴을 살펴보니 생각보다 넓고 쾌적했다. 사람이 사는 집도 있었다. 마치 작은 마을처럼 보였다. 세입자로 보이는 여인이 있다가 우리를 산주(山主)로 알고 친절히 맞아 주었다.

그리고 동굴에서 나와 맞은편 산으로 올라갔다. 산 중턱에서 그 산 전체를 내려다보았더니, 하단부에 다소 둥글고 작은 봉우리가 있었다. 푸른 소나무가 빽빽이 자라고 있었다. 겉보기와 달리 쓸모가 많다는 생각이 들었다.

그때 내 앞에 '만사형통' 친구가 있었다. 그가 자꾸 낭떠러지로 가서 아래쪽을 보려고 했다. 위험하다는 생각이 들어 그를 붙잡아 안쪽으로 끌어들였다. 그리고 몇 차례 경고했으나, 그는 괜찮다고 하면서 낭떠러지 아래로 펄쩍 뛰어 내려갔다. 마음을 졸이며 지켜보던 나도 아래쪽을 내려다보았더니, 생각보다 그리 위험하지 않았다. 그래서 나도 다소간의 위험을 무릅쓰고 뛰어내렸다. 아래쪽에 다소 넓은 분지가 있었다.

거기서 다시 그 산 아래 강가를 내려다보았더니, '꿀벌'이 옆에 있는 큰 나무 아래로 쏜살같이 달려가는 모습이 보였다. 거기서 옷을 벗고 비키니로 갈아입은 뒤 물속으로 뛰어들었다. 그러자 다른 아이들도 안전을 확인한 듯, 줄줄이 따라 들어가 멱을 감았다. 그곳은 더할 나위 없는 여름철의 휴양지로 보였다. (2004. 7. 1)

287. 토목 공사

어느 산기슭에서 토목 공사가 진행되고 있었다. 공사장 위쪽에서 공사에 필요한 물을 끌어왔다. 큰 나무통에 물이 가득 차면 아래로 쏟아졌는데, 그 낙차의 힘으로 맞은편 위로 올라간 물이 배관을 타고 공사장에 흘러 들어가도록 구조물이 설치되어 있었다.

마치 물레방아가 물을 끌어올려 부어주는 것처럼, 일정 시차를 두고 쏟아붓고 멈추기를 반복했다. 활처럼 휘어진 반원 물통에 물이 부어질 때, 어떤 사람이 양팔을 벌리고 그 속으로 다이빙하여 맞은편으로 물을 밀어주었다. 조금이라도 더 많은 물을 배관으로 밀어주기 위한 수단이었다.

그때 위쪽으로 올라가 공사 현장을 쭉 둘러보았다. '밝은 섭리'는 열심히 일하고 있었으나, '수선 필요'는 잠시 일하다가 집으로 돌아가고 없었다. 그래서 팀장이 누구냐고 물었더니, '세부 균형'이라고 했다. 그가 현역 소령이 아니냐고 물었더니 그런 것 같다고 했다. 그래서 그를 만나 보았더니, 소령이 아니라 대령이었다. 나는 공사를 시행하는 것 같았고, 그는 공사를 주관하는 것 같았다.

고장 난 시계 2개가 있었다. 수리하려고 했으나 수리하는 사람을 찾지 못해 여기저기 돌아다니며 애를 썼다. 그러다가 한 사람을 만나 수리하게 되었다. 그는 큰 시계의 부속을 빼서 작은 시계를 고치는 사람이었다.

(2004. 7. 4. 주일)

이틀 뒤에 우리를 다시 살려 주시고, 사흘 만에 우리를 다시 일으켜 세우실 것이니, 우리가 주님 앞에서 살 것이다. (호세아 6. 2)

288. 넓은 길

내가 감당할 과제가 예닐곱 개 있었다. 아래에서 위로 올라가며 1번부터 4번까지 칸에 동그라미가 그려져 있었다. 그래서 위쪽에 있는 두세 개 과제만 처리하면 마무리될 듯했다. 그때 4번 칸에 동그라미 2개가 나란히 그려져 있었고, 5번과 6번 칸이 비어 있었다. 그래서 그걸 처리하려고 애썼다.

그 과제를 수행하려고 산마루에 세워진 건물로 올라갔다. 그래서 한 많은 고개를 넘어갔다. 고개 아래쪽에서 두 갈래 길을 만났다. 오른쪽 길은 협소하고 숲이 우거져 잘 보이지 않았으나 완만한 언덕 같았고, 왼쪽 길은 탁 트여 넓기는 했으나 가파른 고개로 보였다.

잠시 생각하다가 오른쪽의 좁은 길을 가려고 했다. 그때 느닷없이 '용기'가 나타나 말했다.

"오른쪽의 좁은 길은 뱀이 많아 위험하니 왼쪽의 넓은 길로 가거라."

그래서 좁은 길을 두고 넓은 길로 들어갔더니, 공사가 진행 중이라 곳곳이 파헤쳐져 있었고, 온갖 장애물이 놓여 있었다. 게다가 크고 작은 뱀들이 사방에 널려 있었으며, 장애물 사이사이를 헤집고 돌아다녔다.

그들을 물리치고 정말 힘들게 산마루 문턱에 이르렀다. 그런데 이번에는 고갯길 바로 앞에 큰 옹벽이 가로막혀 있었다. 그 옹벽을 넘어야 목적지에 도달할 수 있었다. 하지만 아무리 보아도 그 옹벽을 넘어갈 방도가 없었다. 결국은 포기하고 도로 내려갔다.

얼마 후 그 옹벽이 도저히 넘지 못할 것만은 아니라는 생각이 들었다. 그래서 다시 한 번 도전하기로 마음을 먹고, 용기백배하여 한 많은 고갯길을 단숨에 올라갔다. 하지만 막상 그 앞에 서 보니, 지난번보다 더욱 견고 하고 가파르게 개축된 듯했다. 거의 90도 각도에 가까웠다.

그러나 다른 방법이 없었다. 이번이 마지막이라 생각하고 옹벽을 기어오르기 시작했다. 옹벽 난간에 다리를 걸치고 올라갔다. 그런데 아무리 둘러봐도 넘어가는 곳이 보이지 않았다. 옹벽 위에 작은 지붕이 있었던 바, 당연히 넘어갈 길이 있으려니 생각했다.

그 옹벽은 무슨 성곽처럼 보였고, 나는 그 위에 앉아 있었다. 다시 포기하려고 할 때, 맞은편에서 건축기사로 보이는 두 사람이 지나가며 일러주었다.

"오른쪽 지붕 아래 있는 서까래 사이의 도리를 잡으면 쉽게 넘어올 수 있어요!"

그 말대로 서까래 사이의 도리를 잡아보니, 생각보다 튼튼하여 힘을 받쳐주었다. 그래서 도리를 잡고 사뿐히 건너갔다.

그리고 얼마 후 일을 마치고 나오면서 보니, 넓은 들판이 쭉 펼쳐져 있었다. 겨울철의 을씨년스러운 들판이었으나, 어느새 연두색 새싹들이 봉긋봉긋 머리를 내밀고 있었다. 그것을 보니 무언가 희망이 보이는 듯했다.

(2004. 7. 5)

289. 집사

자매와 함께 어느 강가를 거닐었다. 강변에 이런저런 공사가 진행 중이었다. 고수부지 정비사업과 아울러 건너편 둔치에 아파트 공사를 했다. 그래서 속으로 중얼거렸다.

"장마가 오면 위험할 텐데."

그리고 강둑을 따라 한참 걷다가 보니, 비어 있는 오두막집 한 채가 있었다. 마당에 우리가 가꾸는 작은 채소밭이 보였다. 그런데 어떤 사람이 우리 밭 한쪽에 새로운 이랑을 만들어 채소를 심어 놓았다. 우리 밭은 가로 이랑이었고, 새로 만든 이랑은 세로 이랑이라 더욱 이상했다. 그때 한 노인이 자전거를 타고 지나가다가 말했다.

"묵힌 땅이라 생각되어 내가 한두 이랑을 만들어 채소를 심었으니 양해하시오."

그곳을 떠나 다시 길을 가다가 보니, 내가 졸업한 학교가 있었다. 졸업후 줄곧 그 학교에서 일한다는 '선한 섭리' 친구를 만났다. 그를 보자 오래전에 빌린 책이 생각나 돌려주었다. 그는 동창생 가운데 우등생이었다. 자매는 여전히 나와 동행했다.

그리고 나오면서 보니, 어두침침한 지하실 방에서 사람들이 도박을 하고 있었다. 우연히 들렀다가 나도 한판 하게 되었다. 내 모든 것을 걸고 승부수를 띄웠다. 그러자 4명 중에서 2명은 중도에서 떨어져 나갔고, 나와 한 명은 끝까지 배팅을 했다. 상대방은 8땡이었고 나는 9땡이었다. 내가 판돈을 싹쓸이했다.

그러자 나를 따르던 집사가 내 대신 도박을 하려고 했다. 어처구니없어 소리쳤다.

"이게 무슨 짓인가?"

그가 정색하며 말했다.

"돈을 따서 그냥 가면 되나요?"

그래서 내가 속으로 생각했다.

"돈이 사람을 바꾸네."

안타까운 마음이 들었다. 그런데 사태가 수습되지 않고 점점 악화되어 감정싸움으로 진전되었다. 그러자 그가 나를 협박했다.

"내 장래를 책임진다고 해서 여기까지 따라왔으나, 이제는 정말 가만히 있지 않겠소!"

그가 나를 치려고 씩씩거리며 덤벼들었다. 나는 차분하게 그를 응시하며 옷을 벗기 시작했다. 먼저 웃옷을 벗고, 목도리를 벗고, 장갑을 끼고, 어깨를 한번 으쓱하고, 몸을 가다듬고, 그에게 천천히 나아갔다. 그때 '황야의 무법자'가 생각났다.

그는 황소만 한 체격에 힘이 장사였다. 한번 잡히거나 맞으면 끝장이었다. 반면에 그는 머리가 없었다. 지혜로 그를 물리쳐야 했다. 그가 허리를 굽히고 맹수처럼 덤벼들었다. 그때 옆으로 살짝 피하면서 목덜미를 내리쳤다. 일격에 그가 맥없이 푹 쓰러졌다. 싱겁게 승부가 났다. (2004. 7. 7)

290. 여행

어느 산속에서 야영을 했다. 새벽에 일어나 보니 하나씩 둘씩 떠날 채비를 하고 있었다. 영문도 모른 채 나도 떠나려고 했다. 그때 늦게 일어난 사람들이 의아스럽게 생각하며 밖으로 나왔다. 캠프 앞에서 기념사진을 찍으며 모두 아쉬워했다.

신작로를 따라가다가 아래를 보니, 조용한 산간 마을이 있었다. 꼬불꼬불한 길과 군데군데 자리한 초가집이 옛 정취를 그대로 간직했다. 가슴이 뭉클했다. 그 마을을 한 바퀴 돌아보고 싶었다.

그러나 지팡이 하나에 의지하여 곳곳을 돌아보기에는 부담이 되었다. 자전거를 탔으면 하는 생각이 들었다. 그런데 어느새 내가 자전거를 타고 있었다. 휘파람을 불면서 신나게 마을로 내려갔다. '큰 원'과 '마지막 규율'이 보였고, '물의 용'은 배낭여행을 하고 있었다. 노파심에 그에게 말했다.

"어른들을 찾아뵙지 않고 그냥 가려느냐?"

그런데 그는 내 말을 들은 척도 하지 않았다. 그러고 보니 그의 양친은 이미 돌아가시고 없었다. 내가 괜히 쓸데없는 말을 했다는 생각이 들었다.

(2004. 7. 9)

291. 승진

오랫동안 승진하지 못하고 나이가 든 사람이 꽤 있었다. 티오(TO)가 없었기 때문이다. 그때 '준수한 사람'이 예기치 않게 승진했다. 그는 크리스천으로 많은 어려움을 겪었으나 매사에 모범적이었다.

얼마 뒤 나도 생각지 않게 승진했다. 내 주변 사람들은 그 사실을 몰랐다. 나 역시 그것을 드러내고 싶지 않았다. 그때 '넘치는 기쁨'과 '마지막 덕

행'이 평소와 달리 내 용모가 준수하다고 칭찬을 아끼지 않았다.

그리고 회식이 있어 차를 몰고 갔더니, '크게 바침'이 주차권을 받아주었다. 그런데 회식 시간이 바뀌어 나가려고 했더니, 주차권이 또 필요했다. 그때 그가 와서 말했다.

"제가 가서 받아 드리죠."

그는 매사에 겸손하고 부지런한 사람이었다. 이어서 어느 캠프에 들어가 야영했다. '기대 효과'와 '다시 교제'는 자기 집으로 돌아갔고, 나머지 사람들은 의자에 기대어 새우잠을 잤다. 나도 휴대용 의자에 쪼그리고 앉아 토끼잠을 잤다. 내 옆에는 '장수 교제' 자매가 있었다. 그녀와 손을 꼭 잡고 우정을 다졌다.

취침시간에 사람들이 세면장으로 몰려갔다. 자매도 일어나 갔다. 혹시 집에 가는가 싶어 보았더니, 가방과 슬리퍼 등의 소지품이 그대로 있었다. 시계를 보니 1시 30분을 가리켰다. 잠시 뒤 자매가 돌아와 비스듬히 누워 있는 나를 바로 눕혀 주었다. 그러자 자매가 앉을 자리가 없었다. 잠시 기대기를 바라는 눈치였으나 공간이 없었다.

다음 날 일어나 보니, 내 직급만 승진한 게 아니라 보직까지 바뀌어 과장으로 발령이 났다. 그래서 사람들의 존경을 한몸에 받았다. 과장은 내 직급보다 두 단계 위의 직책이었다. (2004. 7. 11. 주일)

292. 땅장사

충남에 있는 땅을 답사하려고 찾아갔다. 그때 나는 벌거숭이로 돌아다니고 있었다. 마을에 이르자 수염을 시꺼멓게 기른 할아버지가 경운기를 몰고 가는 모습이 보였다. 종종걸음으로 바삐 오가는 아낙네들도 있었다.

산골짜기에 있는 오두막집을 찾았다. 집주인으로 보이는 노인이 나와서 말했다.

"왜 벌거숭이 몸으로 돌아다니느냐? 저쪽에 가면 버려진 옷가지가 있으니, 헌 치마라도 하나 주워 걸치고 다녀라."

그래서 산비탈에 버려진 헌 옷 가운데 하나를 주워 입었다.

가파른 산기슭 길쭉한 땅에 집이 몇 채 있었다. 그 집과 땅 소유자는 '마지막 수단'이었다. 그런데 그 땅의 1/10이 다른 사람의 지분이었다. 그때 1/10 지분자가 '마지막 수단'이 소유한 9/10 지분을 빼앗으려고 깡패들을 동원했다. 힘깨나 쓰는 어깨들로 구성된 패거리가 산기슭에 있는 그의 집으로 우르르 몰려가는 모습이 보였다.

그들 가운데 택시를 운전하는 기사도 있었다. 택시를 몰고 돌진하다가 뒤로 미끄러졌다. 차가 몇 바퀴 굴러 박살이 났다. 운전사가 현장에서 죽었다. 그러자 패거리들이 더욱 거센 기세로 산기슭에 있는 그의 집으로 몰려갔다. 그리고 두목으로 보이는 자가 기세등등하게 소리를 질렀다.

"우리가 이 땅을 얻으려고 벌써 동료 2명을 잃었다. 결코 양보할 수 없다!"

그때 '마지막 수단'을 만나 그 땅에 대한 서류를 보니, 1/10 지분의 공시지가가 149만 원이었다. 그 땅 때문에 사람을 2명이나 죽이고 저렇게 아우성치는 이유가 무엇인지 의아스러웠다.

그리고 얼마 있다가 '마지막 수단'을 다시 만났더니, 그가 아주 흡족한 표정으로 말했다.

"그들과 협상하여 공시지가 2배로 그 땅을 내가 도로 샀다!" (2004. 7. 12)

293. 아우라

주님의 도움으로 땅장사가 순조로웠다. '괴이한 산'도 주님의 긍휼로 팔렸다. 100만 원 안팎의 자투리땅을 공매로 취득하여, 약간의 마진을 붙여 되파는 일이었다. 개인에게 파는 경우도 더러 있었으나, 주로 부동산 중개회사를 매개로 했다.

하지만 현금서비스와 카드깡, 사채 등의 이자 부담이 커서 빚은 좀처럼 줄어들지 않았다. 집세와 공과금 등을 지급하고 그럭저럭 먹고사는 정도였다. 그러다가 가끔씩 교환을 하여 어려움을 자초했다.

'영원한 동반'이 도도히 흘러가는 역사를 브리핑하고 있었다. 지나간 역사보다 앞으로 다가올 역사에 대해 중점적으로 설명했다. 칠판에 도표를 그려가며 비교적 자세히 설명했다. 나는 그 사람 바로 앞에 서 있었다.

그때 칠판 위쪽에서, 실비 같기도 하고 별뉘 같기도 한, 은은한 물결이 오른쪽에서 왼쪽으로 비스듬히 쏟아져 내렸다. 신기하기도 하고 놀랍기도 하여 앞으로 나아갔더니, '영원한 동반'이 그 속으로 나를 밀어 넣었다.

그래서 아른거리는 빗살무늬 속에 서 있었다. 이상야릇한 기분이 나를 사로잡았다. 위를 보니 그저 밝기만 했다. 어디서 그런 아우라(aura)가 나오는지 도무지 알 수 없었다. 따스한 봄날의 아지랑이 같기도 하였으나, 그 속에 신령한 은혜가 깃들어 있음이 분명했다. (2004. 7. 13)

294. 자유

좁고 깊은 우물 속에서 오르락내리락하고 있었다. 두레박을 타서 힘은 들지 않았으나, 어둡고 끈적끈적하여 기분이 영 좋지를 않았다. 우물 속은 얼마나 깊은지 알 수가 없었고, 스스로 밖으로 나갈 수도 없었는바, 누군가의 도움이 절실했다. 조금 올라가는가 싶더니 도로 내려가 제자리에 머물기를 반복했다. 처음에는 너무 답답했으나, 세월이 흘러 나중에는 어느 정도 적응을 했다.

그러던 어느 날, 보이지 않는 강력한 힘이 내게 미쳤다. 눈 깜빡할 사이에 내 몸이 우물 밖으로 튕겨 나왔다. 우물 속에 있다가 밖으로 나와 보니, 그야말로 지상낙원이 따로 없었다. 풀과 나무가 있고, 신성한 공기가 있는 곳이 바로 낙원이었다.

그때 나는 나를 구해주신 분이 너무나 고마워 무의식적으로 내 입에서 할렐루야가 계속 튀어나왔다.

"할렐루야! 할렐루야! 할렐루야! …"

얼마나 오랫동안 진지하게 부르짖었는지, 환상에서 현실로 돌아와서도 계속 '할렐루야!'를 불렀다. 그러다가 저절로 내 입에서 찬양이 흘러나왔다.

"영광, 영광 할렐루야! 영광, 영광 할렐루야! 영광, 영광 할렐루야! …"

그리고 환상이 계속 이어졌다. 막상 우물 밖으로 나와 보니, 내가 머물던 우물 속이 왜 그리 갑갑한지 죽으면 죽을지언정 다시는 못 들어갈 것 같았다. 그때 어떤 자매가 다가와 말했다.

"우물 속으로 수차례 연락을 취해 보았으나 닿지를 않았어요."

그 말을 듣고 속으로 피식 웃었다. 돌아보니 두레박에 매달려 우물 속에서 지낸 날들이 상당히 길었다. 그래서 나는 자유가 무엇이며, 주님이 선포하신 해방이 얼마나 소중한지를 뼈저리게 느꼈다. (2004. 7. 15)

295. 평화(1)

업무 조정에 따라 보직 변경이 있었다. 이사를 하려고 했으나 무슨 사정인지 계속 지체되었다. 얼마 후 이삿짐을 챙기면서 보니, 이삿짐을 쌓아 놓은 곳에 간교한 뱀이 웅크리고 있었다. 그리 크지는 않으나 날렵하여 잡기가 쉽지 않았다. 그래서 '길한 동무'와 합동 작전으로 뱀을 쫓기 시작했다.

뱀이 학교운동장을 지나 한 건물 안으로 들어갔다. 요리조리 사방을 휘젓고 돌아다녔다. 그러다가 결정적인 기회가 왔다. 내 옆으로 지나가는 뱀을 곁눈으로 발견하고 순간적으로 내리쳤다. 그 즉시 뱀이 두 동강이 났다.

그런데 뱀은 여전히 살아 있었다. 그래서 아예 모가지를 잘라 버렸다. 머리와 상체, 하체가 세 동강이 되었다. 긴장하던 시간이 지나고 한숨 돌렸다. 뱀 때문에 거의 하루가 지체되었다.

그리고 보직을 받은 사무실로 올라갔다. 새로 부임한 과장이 중령이었다. 그런데 새로 전입한 직원 중에서 대령이 하나 있었다. 그가 내 책상과 마주 앉아 '용한 돌'과 인계인수를 했다. 그때 과장이 '용한 돌'에게 무엇을 지시하자 그가 말했다.

"이제부터 저는 대령님 말씀만 들을 거예요!"

그러자 과장이 화를 버럭 내며 말했다.

"지금 당장 나가요!"

내가 근무하는 사무실은 실내에 있었으나, 날씨가 좋은 날은 주로 야외에서 일했다. 마치 야외 예배당에서 예배를 드리는 것 같았다. 어느 날 사람들이 산에 올라가 예배를 드렸다. 말씀의 대상이 사도 바울이었다.

리더로 보이는 사람이 산기슭 언덕에 서서 설교를 시작했다. 처음에는 사람들이 그의 말을 경청했으나, 얼마 후에 보니 산 아래 있는 노인에게 우르르 몰려갔다. 거기 백발노인이 있었다. 그는 아무 말 없이 땅바닥에 큰 종이를 펴고 글씨만 썼다.

그냥 쭉 내리긋는 듯이 보였으나, 한글과 한문이 조화된 훌륭한 문구가 쓰였다. 그중에는 내가 알아볼 수 없는 그림 같은 글자도 있었다. 그런데 내용은 큰 의미가 있는 성경 구절로 보였다. 주변에 둘러선 사람들이 그 글을 보고 감명을 받았다.

큰 종이 서너 장에 글쓰기를 마친 노인이, 모든 것을 그대로 두고 자리에서 일어났다. 그때 나는 바로 옆에서 노인의 얼굴을 빤히 쳐다보았다. 그러자 노인도 잠시 나를 바라보았다. 그는 아무 생각이나 감정이 없었으며, 마냥 평화로운 모습이었다.

그는 평화의 사자로 세상에 내려온 하나님의 아들처럼 보였다. 한마디 말도 없이 그곳을 뒤로하고 홀연히 떠나갔다. 거기 모인 사람들은 모두 흰 옷을 입고 있었으며, 머리에는 흰 띠를 두르고 있었다.

그리고 모든 의식이 끝나자 삼삼오오 무리를 지어 식사했다. 나도 '길한 동무'가 가져온 도시락으로 그와 함께 식사를 했다. 모든 것이 질서정연하고 한없이 평화로웠다. (2004. 7. 16)

296. 속임수

1980년대 우리가 살던 집의 가게에서 어머니가 고통스럽게 부르짖었다. 그러다가 안방으로 건너가 삼신할머니에게 처절하게 용서를 빌었다.

"제가 잘못했어요. 제발 용서해주세요! 제발, 제발, 부탁입니다!"

아래채에서 듣고 있던 나는 어머니의 목소리가 몹시 안쓰러워 본채로 올라갔다. 가게는 온갖 잡동사니로 너절하게 널려 있어 금방이라도 귀신이 튀어나올 듯했다. 그래서 닥치는 대로 발로 걷어차 버렸다.

그때 어머니와 아버지에 대한 연민의 정이 불타듯 일어났다. 그동안 너무나 힘들게 살아온 분들, 그들이 너무너무 가엾다는 생각이 들어 나도 모르게 내 입에서 기도가 튀어나왔다.

"오, 아버지 하나님이시여! 제 어머니의 고통도, 제 아버지의 고통도, 어차피 받아야 할 운명이라면, 이 못난 아들에게 돌려주소서. 살아도 제가 살고 죽어도 제가 죽겠습니다. 그 모든 것을 제가 감당하게 하소서."

기도가 끝났을 때, 나는 내 어머니의 목소리가 사탄의 속임수라는 사실을 알았다. 어머니의 목소리는 들렸으나 그 모습은 보이지 않았다는 것, 스스로 뒷모습만 보이고 나를 피했다는 점 등이 그 증거였다. 그래서 즉시 소리쳤다.

"더러운 사탄아, 썩 물러가라! 내 어머니의 목소리로 나를 속인 귀신아! 당장 물러가라! 주 예수 그리스도 이름으로 내가 명한다. 썩 물러가라!"

순간 나는 잠에서 깨어나 현실로 돌아와 계속 소리치고 있었다. 그리고 다시 잠이 들어 또 꿈을 꾸었다.

어느 사무실에서 내가 팀장으로 근무했다. 책상이 창문을 등지고 가로 놓여 있었으며, 그 앞으로 두 줄 책상이 세로로 이어져 있었다. 내가 사용하는 캐비닛도 창문 쪽에 있었고, 그 옆으로 다른 캐비닛이 쭉 있었다.

일과가 끝나 책상과 캐비닛을 정리하고 퇴근하려 했다. 그때 내 주머니를 털어 나이가 가장 많은 직원에게 돈을 맡겼다. 500원짜리와 100원짜리 동전을 합한 금액이 1만 1,400원이었다.

그리고 얼마 뒤 '용의 진실' 집에서 화투를 치다가 집으로 돌아가려고 했다. 그때 '복된 규정'이 아주 가벼운 신발 한 켤레를 주었다. 그 신발은 중고품으로 어느 정도 낡았지만, 그런대로 신을 만했다.

그런데 주걱이 없어 신발을 신지 못했다. 그때 '순수 황금' 자매가 다가와 주걱을 건네주었다. 그래서 신어 보니 가볍고 발에 딱 맞아 사뿐사뿐 걸을 수 있었다. 그래서 자매에게 신고 온 신발을 주머니에 담아 챙기라고 했다.

(2004. 7. 17)

297. 쿠폰

무슨 일에 집중하다가 점심시간이 지나서 식당으로 내려갔다. 거기 '만사형통'과 '세상 진리'가 함께 식사하고 있었다. 그들과 합석하여 이런저런 이야기를 나누며 식사를 마쳤다.

그리고 깜빡 졸았다. 인기척이 있어 눈을 떠 보니 오후 3시가 조금 넘었다. 1시에 식사를 했으니 2시간 정도 잤다. 그런데 여전히 몸이 무거웠다. 아무렇게 잔 탓인지 윗도리에 음식물 찌꺼기가 묻어 있었고, 바지는 쭈글쭈글했다.

그때 나를 보니 초라하기도 하고 가련하기도 했다. 축 늘어진 몸으로 터덜터덜 사무실을 향해 올라갔다. 그때 젊은이들이 무슨 회의에 참석하기 위해 필기도구를 지참하고 무리를 지어 내려왔다. 활기차게 웃으며 일하는 그들을 보니 무척 부러웠다.

그들을 뒤로하고 앞으로 걸어갔다. 50계단의 가파른 언덕길과 찻길을 건너, 다시 10계단, 그리고 지하에서 3층까지 40계단을 올라가야 했다. 먼저 50계단을 올라가다가 마지막 5계단을 남겨두었을 때였다. 독실한 불교 신자 자매가 내 옆을 지나가며 백화점 쿠폰 몇 장을 떨어뜨렸다.

사탄의 유혹인가 싶어 멈칫했으나, 그때 마침 백화점 경품인 냄비가 필요하여 그 쿠폰을 모으고 있었다. 모른 체하고 그냥 윗도리 주머니에 집어넣었다. 그리고 나머지 5계단을 올라가려고 했더니, 갑자기 가파르게 보이면서 현기증을 느꼈다. 아래를 보니 수십 길 낭떠러지 같았다.

나도 모르게 그 자매에게 도움을 청했으나, 그녀는 힐끗 쳐다보고 뭐라 한마디 하면서 사라져버렸다. 그래서 아예 엎드려 조심조심 기어 나머지 계단을 올라갔다.

이어서 찻길을 건너 10계단을 지나 1층까지 천천히 올라갔다. 그런데 1층 로비에 칸막이를 치고 전깃불을 꺼서 주변이 어두침침했다. 지나가는 직원에게 물어보니 합창단이 연습을 한다고 했다.

그때 옆 사무실에서 노랫소리가 들렸다. 그런데 합창단 가운데 '마지막 덕'도 함께 연습하고 있었다. 그는 전형적으로 세속적인 사람이라 뜻밖이었다. 더구나 불교 신자인 그 자매도 끼어 있어 의외였다.

그리고 2층으로 올라가 보니, 어떤 자매가 3층으로 올라가지 못해 허둥대고 있었다. 그러다가 바람과 같이 사라져버렸다. 그 자매는 정말 민첩했다. 그 뒤를 따라 올라가다가 깜짝 놀랐다. 2층과 3층이 옹벽으로 가로막혀 있었기 때문이다. 자매가 들어간 비밀통로를 찾으려고 애썼으나 보이지 않았다.

이리저리 살펴보다가 계단이 움직인다는 사실을 발견했다. 계단 끝에 계단을 끌고 가는 모터 달린 견인차가 있었다. 거기 올라타자 견인차가 나를 끌고 달리기 시작했다. 그런데 어찌 된 영문인지 나를 끌고 밖으로 나갔다. 견인차에 몸을 실은 나는 순식간에 황금 들판을 달리고 있었다.

그리고 얼마 후에 보니, 염소 비슷한 짐승이 나를 끌고 들판을 달렸다. 그 짐승은 앞만 보고 계속 달렸으며, 나는 수레에 몸을 의지하고 있었다. 그렇게 한참 가다가 보니, 어느 평화로운 농가에 도착했다.

거기서 내려 잠시 쉬었다. 나는 그 짐승이 힘들 것 같아 물을 좀 먹이고 싶었다. 조심조심 짐승에게 다가갔더니 온순하여 자기 몸을 맡겼다. 목을 끌어안아 수고했다고 머리를 쓰다듬어 주었다. 그러자 더욱 얌전히 있었다.

그 짐승은 멀리 달려오면서 힘이 들었든지 숨을 헐떡거렸다. 그래서 물통으로 데려가 물을 먹였으나 조금 입에 대고 먹지 않았다. 모습은 선한 양 같았고, 마음은 천사 같았다. 우리는 그때 처음 보는 사이였으나, 아주 오래전부터 친하게 지냈다는 사실을 피부로 느낄 수 있었다. 다정한 연인이나 죽마고우처럼 느껴졌다. (2004. 7. 18. 주일)

298. 군용트럭

어느 산기슭에서 군용트럭이 줄지어 내려왔다. 트럭 뒤에 병사들이 빼곡히 타고 있었다. 트럭이 신작로에 들어와 90도 각도로 회전하며 급히 지나갔다. 트럭이 옆으로 넘어질 듯했으나 첫째와 둘째가 가까스로 지나갔다.

그런데 셋째 트럭은 쏠림을 이기지 못하고 플라타너스 쪽으로 넘어지고 말았다. 그러자 뒤에 타고 있던 병사들이 1겹, 2겹, 3겹, 4겹으로 포개지면서 아수라장이 되었다. 헌병대에서 나와 조사한 결과, 20여 명이 사망하고, 20여 명이 부상한 것으로 드러났다.

그 와중에 어떤 장교는 부상병을 얼차려 시키고, 몽둥이로 몰아치며 사고 원인을 조사하고 있었다. 병사들의 인권은 아랑곳하지 않고, 사람들의 눈을 속이려는 의도가 깔린 듯했다.

그때 여군 하나가 군의관에게 오른팔을 보이며 통증을 호소했다. 어깨 아래 근육이 찰과상을 입어 심한 피멍이 들었고, 팔이 팅팅 부어 있었다. 군의관이 팔을 만져 보더니 뼈에 금이 간 것 같다고 했다. 하지만 치료할 기색은 보이지 않았다.

한편 보고자에 의해 사망자와 부상자의 숫자와 명단이 조금씩 바뀌면서 유족들의 희비가 뒤바뀌고 있었다. (2004. 7. 22)

299. 상가 지하 교회

나와 함께 세 사람이 중앙부처 한 곳을 감사하게 되었다. 그때 나는 속으로 생각했다.

"민간인 신분으로 공무원 사회를 어찌 감사할 수 있겠는가?"

그런데 나와 함께한 사람이 아무 말 없이 기관장을 찾아가 관련 규정을 확인했다. '민간인을 포함한 외부기관의 감사 요청이 있으면, 피감기관으로서 성실히 임할 책임이 있다.'

그리고 기관장도 약속했다.

"관련 규정이 분명한 만큼 감사에 성실히 임하겠습니다."

나는 약간 쑥스러웠다. 하지만 우리는 곧장 감사에 돌입하여 주어진 임무를 성실히 수행했다.

어느 날 아침, 여직원이 출근하며 말했다.

"요즘 며칠 출근 때마다 '좋은 뿌리' 목사님을 만났어요. 그런데 무슨 일이 있는 듯 동분서주했어요."

그래서 나는 그 목사님의 사정이 궁금했다. 전에 목사님이 이렇게 말한 적이 있었기 때문이다.

"나를 아버지같이 생각하고 따르도록 해라!"

얼마 후 나는 '좋은 뿌리' 목사님을 만났다. 그리고 함께 원주로 내려갔다. 어느 과일 밭을 지나다가 보니 원두막이 있었다. 그 아래 잠시 쉬면서 목사님이 말했다.

"내가 5월 말에 교회를 넘겨주었다. 그때 소송할 생각이었지. 하지만 그렇게 하지 못했다."

'좋은 뿌리' 목사님의 교회는 그 아들 목사님이 이어받아 시무하는 것으로 알고 있었다. 나는 무슨 영문인지 몰라 의아하게 생각했다. 그리고 조금 더 가니 작은 읍내가 보였고, 길 맞은편에 낡고 허름한 상가 건물이 나타났다. 얼키설키 달린 간판 사이에 '상가 지하 교회'라는 간판이 눈에 띄었다. 목사님이 말했다.

"바로 저기야! 저 교회에서 1년간 더 시무하도록 허락받았지."

그때 그 교회에서 찬송 소리가 울려 나왔다. 흰옷 입은 교인들이 촛불을 들고 줄지어 나오고 있었다. 교회에서 무슨 행사를 하나 싶었는데 그게 아니었다. 교회 밖으로 나온 그들이 '좋은 뿌리' 목사님과 나를 향해 경배에 가까운 눈인사를 했다.

우리는 민망하기 짝이 없어 목사님은 오른쪽으로, 나는 왼쪽으로 비켜섰다. 그리고 그들과 인사를 나누었다. 그런데 그 교회 목사님은 그냥 우두커니 서 있었다. 의외라서 살펴보니, 그의 양팔이 모두 없었다. 그래서 손을 내밀 수가 없었던 것이다. 자칫하면 오해할 뻔했다. 더구나 상가에다 지하 교회라서, 현실적으로 최악의 상황이라 생각했던 선입관이 너무 부끄러웠다. (2004. 7. 23)

300. 임차 교회

'좋은 뿌리' 목사님이 시무하는 교회에서 헌금을 집계했다. 교회 규모에 비해 상당한 헌금이 나왔다. 어떤 사람은 1억 2천만 원을 헌금했고, 외가 일동의 헌금은 10억 원이 넘었다. 수입과 지출을 정리하다가 보니 장부 대여섯 장을 기록하게 되었다. 상당한 시간이 소요되었다.

그때 목사님이 와서 장부를 넘기다가 교회당 임대료가 적힌 부분을 보고 말했다.

"보증금 500만에 월세 50만 원의 예배당을 임차하기가 그리 쉽지 않으니, 이것은 당분간 보류하도록 합시다."

그리고 목사님과 이런저런 이야기를 나누었다.

"헌금 수입이 상당하니 목사님이 시무하기에 적당하고, 예산 규모에 맞는 교회당을 이번 기회에 건축하는 게 어떨는지요?"

"전에 화정지구 파출소 옆에 작은 땅을 하나 사둔 것이 있지. 이번 기회에 거기 교회당을 건축하도록 할까?"

"언젠가 '마지막 진리' 목사님이 그곳을 황금어장이라 했습니다. 더욱이 그곳은 제가 살았던 적이 있어 잘 압니다."

"그런데 그곳은 교통 체증이 심하여 교회 설립에 걸림돌이 된다는 얘기도 있으니, 좀 더 생각해 보자."

목사님은 전에 아들 목사가 한 이야기를 염두에 두는 듯했다. (2004. 7. 26)

301. 무기력

정부청사로 보이는 단층 건물 안에 있었다. 그때 갑자기 비가 내리기 시작했다. 빗줄기가 점점 굵어지더니 엄청난 폭우가 쏟아졌다. 석고 보드로 마감된 천장 틈새로 비가 새기 시작했다.

점심시간이 되어 거기서 나왔다. 사람들이 비를 맞으며 식당을 향해 걸어가고 있었다. 평지를 지나자 언덕이 나타났다. 언덕 중간쯤에 급경사가 있었고, 거기 눈이 쌓여 있었다. 미끄럽고 가파른 길을 오르기가 쉽지 않아 보였다.

그러나 몇몇 사람이 올라가고 있었다. 나는 다른 방법을 찾아보기로 했다. 이리저리 살펴보다가 우측을 주목하게 되었다. 그곳은 눈만 쌓였지 경사가 그리 심하지 않았다. 그래서 옆으로 발걸음을 돌렸다. 방금 내가 있던 곳에서 한 자매가 미끄러지는 모습이 보였다. 하지만 바닥까지 내려가지 않고, 중간에서 다시 자세를 잡아 무리와 합류했다.

얼마 후 나는 아무도 가지 않은 눈길을 따라 올라가다가 주춤하게 되었다. 이미 고인이 된 친구가 허리까지 쌓인 눈 속을 걸어서 내려오고 있었기 때문이다. 그래서 걱정이 되었다.

"저 친구가 내게 오면 어떡하지?"

다행히 그는 내게 오지 않고 그냥 지나쳐 갔다. 다시 올라가려고 위를 쳐다보았다. 이미 식사를 마친 사람들이 내려오려고 무리를 지어 웅성거리고 있었다. 그때 어떤 사람이 눈썰매를 타고 내가 올라가려는 길로 내려왔다.

그러자 사람들이 연이어 눈썰매를 타고 내려왔다. 나는 그들의 모습을 바라보았다. 아무것도 할 수가 없었다. 내 계획은 수포로 돌아갔고, 무기력한 나를 다시 한 번 실감했다. (2004. 7. 28)

302. 술

불알친구들을 만나 오랜만에 주막을 찾았다. 주막 뜰 평상에 둘러앉아 밀주 한 되를 시켜 잔에 나눠 부었다. 그런데 술잔 속을 보니, 술은 없고 밀기울 찌꺼기만 달라붙어 있었다. 지나치게 농축되었는가 싶어 잔을 흔들어 보고 손으로 만져보기도 했다.

그때 성직을 맡은 '동녘의 봄'이 그 잔을 강제로 내 입에 갖다 댔다. 그러자 신기하게도, 빈 것 같은 잔에서 술이 나와 나는 억지로 술을 마시게 되었다. 그래서 발동이 걸려 옆에 있던 '동녘의 봄'과 '길한 동무'에게 잔을 권했다. 하지만 그들은 마실 의향이 전혀 없었다.

그리고 길을 나섰더니, '세상 찬양'이 나와 함께했다. 그와 산등성이에 올라가 보니, 산 아래 휘황찬란한 유흥업소가 즐비했다. 그가 말했다.

"자, 여기를 보게나. 다양한 술이 있고, 기생들도 얼마든지 있다네. 오늘 하루쯤은 여기서 푹 젖어보는 게 어떤가?"

번쩍거리는 밤거리의 네온사인을 바라보면서, 나는 몽롱한 기분에 휩싸였다. 술과 기생이 어우러진 모습이 눈에 아른거렸다. 기분이 흡족하여 거기 내려가려고 했다. 그런데 왠지 발걸음이 주춤거렸다. 그리고 내 입에서 생각지 않은 말이 자꾸 튀어나왔다.

"안 돼! 안 돼! 안 돼!"

잠에서 깨어나 몽롱한 상태 가운데 계속 부르짖었다.

"안 돼! 안 돼! 안 돼! 주님과의 약속은 반드시 지켜야 돼! 여기서 무너지면 끝장이야! 끝장! 끝장!"

그때 주초커피 청산을 약속한 소금언약이 생각났다. (2004. 7. 29)

제10편

절망을 딛고

303. 무능력

아버지가 돌아가셨다는 연락을 받고도, 사정이 여의치 않아 수일 뒤에 영안실을 찾았다. 자전거를 타고 서둘러 가고자 했으나, 그때 '마지막 수단'과 '고운 미모'가 함께 있었고, 그동안 돌보던 아이들도 있어 시간을 낼 수가 없었다.

그래서 뒤늦게 병원에 갔더니 사람들이 북적거렸다. 무슨 사고로 아이들 15명이 한꺼번에 영안실로 들어왔다고 했다. 그들을 뒤로하고 2층으로 올라가 보니, 시신을 넣은 관이 빽빽하게 쌓여 있었고, 사람들은 하나도 보이지 않았다. 으스스한 기분이 들어 급히 아래층으로 내려왔다.

그리고 1층 로비에서 아버지의 시신을 찾으려고 안내원에게 물었더니, 대기실에서 누나가 초췌한 모습으로 나와 말했다.

"시신에 알코올을 채워서라도 당분간 집으로 모셔야 할 것 같아."

"왜?"

"다른 방법이 없어."

아버지를 모실 땅이 없어 그렇게 말한다는 사실을 직감적으로 알았다. 안타까운 마음에 돌아보니, 아버지의 영혼이 영문 밖을 거닐고 있었다. 그때 영안실 경비원이 나와 내 아버지를 싸잡아 업신여기며 조롱했다. 그것도 부족하여 인신공격하고 망신을 주었다.

"이놈아, 차라리 고추 떼어 버려라! 그러고도 남자라고는. 쯧쯧."

그리고 내게 무슨 쪽지를 주면서, 저쪽에 있는 문화부서로 가보라고 했다. 그러나 나는 그의 말에 몹시 기분이 상했던 바, 그 쪽지를 읽어 보지도 않고 윗도리 주머니에 꾸겨 넣었다.

그때 나는 하나님과 사람 앞에서 나름대로 최선을 다해 살았다는 생각을 했다. 처음에는 사람들에게 4번이나 양보했고, 나중에는 하나님 앞에서 3번이나 그리했다. 그리고 끝까지 사사로운 욕심을 부리지 않았을 뿐만 아니라, 책임과 의무를 다하려고 애썼다는 자부심을 가지고 있었다.

그러면서 그토록 모질고 긴긴 세월을 기다리고 또 기다렸으나, 그에 합당한 열매는 없었다. 그동안 스스로 비용을 부담하면서 7번이나 희생을 감수했던 바, 나름대로 최선을 다했으며, 더 이상 방법이 없다고 생각했다.

(2004. 8. 1. 주일)

그러면 이 땅의 수확물이 불어날 것이고, 하나님 곧 우리 하나님께서 우리에게 복을 주실 것이다. (시편 67. 6)

304. 오염

어느 기도원 영내에 작은 연못이 있었고, 연못가에 아이들이 모여 있었다. 그때 아이들이 물에 들어가 놀려고 했으나, 선뜻 들어가지 못하고 우물쭈물했다. 왜 그러는가 싶어 가까이 가서 보았더니, 물이 오염되어 있었다. 바닥이 보이지 않을 정도로 더러웠다. 그럼에도 작은 물고기가 무수히 헤엄치고 다녔다. 식당에서 흘러드는 음식물 찌꺼기를 먹으며 자라는 듯했다.

그때 고개를 들어 산을 보니, 언덕 위에 세워진 3개의 건물이 있었다. 왼쪽에 삼각 건물이, 오른쪽에 사각 건물이, 뒤쪽에 둥근 건물이 있었다. 그런데 삼각 건물의 옥상에 사각 건물이, 사각 건물의 옥상에 둥근 건물이, 둥근 건물의 옥상에 삼각 건물이 다시 세워져 있었다. (2004. 8. 3)

들의 나무는 열매를 맺고, 땅은 곡식을 내며, 그들은 자기 땅에서 평안할 것이다. 내가 그들이 멘 멍에의 굴레를 부러뜨리고, 그들을 종으로 삼은 자들의 손에서 구출할 때, 내가 여호와임을 그들이 알 것이다. (에스겔 34. 27)

305. 친구(1)

우리 집에서 동창회가 열렸다. 밤늦게까지 놀다가 새우잠을 잔 친구들이, 다음 날 아침 떠날 채비를 했다. 그때 부모님도 짐을 꾸리고 있었다. 무슨 일인가 물어보았더니 이사를 간다고 했다. 그 말을 듣고 문득『생명 공부』가 생각났다. 한때 내가 가장 소중히 여기고 즐겨 읽은 책이다.

그래서 그 책을 찾아보았더니 버려진 책들 가운데 있었다.『생명 공부』는 20여 권으로 편집된 성경공부 시리즈였다. 그 중에서 한 권만 본가에 둔 것으로 짐작되었다. 그런데 케이스를 열어 보니, 2권의 책이 있었다. 하나는 '지혜'요, 하나는 '지식'이었다.

얼마 후 친구 3명과 길을 나섰다. 조금 가다가 보니 강이 있어 배를 타고 건넜다. 그리고 산이 있어 산길로 접어들었다. 완만하지도 않았으나 급하지도 않았다. 어렵지 않게 산을 올랐다. 산마루에 시원한 바람이 불어와 기분이 상쾌했다.

그때 '영원한 기쁨'과 '남다른 호의'가 우리와 작별하고 왼쪽 길로 들어갔다. 그들은 어깨동무를 하고 사이좋게 나란히 걸어갔다. 그리고 나와 한 친구는 오른쪽 길을 택하여 집으로 돌아왔다.

그런데 내 짐이 하나도 보이지 않았다. 친구가 강을 건너면서 물속에 버리고 빈손으로 왔음이 분명했다. 그래서 친구를 탓하려고 보니, 어디론가 벌써 사라지고 없었다. 나만 홀로 시냇가 옆에 있는 오두막에 남아 옷을 벗었다. (2004. 8. 4)

306. 비정

신작로 옆 낭떠러지 밑에 큰 강이 흐르고 있었다. 그 강을 가로지르는 짐승이 있었다. 가까이 보니 큰 호랑이였다. 큰 다라 물속에 작은 벌레 한 마리가 빠져서 허우적거리며 맞은편으로 이동하는 것처럼 보였다.

조용한 강물에 작은 물결이 일었다. 그리고 얼마 떨어지지 않은 곳에 또 한 마리의 짐승이 있었다. 이번에는 큰 멧돼지였다. 옆에 호랑이가 있다는 사실을 알고, 멧돼지가 급히 방향을 바꿔서 밖으로 나가려고 했다.

그러나 순식간에 호랑이가 멧돼지를 따라가 꼬리를 물고, 위로 한번 들어 올렸다가 내려오는 순간 아랫배를 물었다. 그때 멧돼지가 발버둥을 치면서 날카롭게 솟구친 송곳니로 호랑이 사타구니를 몇 차례 들이받았다.

그러자 멧돼지와 호랑이 둘 다 배에 구멍이 뚫렸다. 호랑이가 분을 이기지 못하고 멧돼지 뱃속에 앞발을 넣어 내장을 훑어내었다. 그래서 멧돼지도 죽고 호랑이도 죽었다. 큰 짐승이 서로 죽이고 죽음으로써 물 위에 선혈이 낭자했다. 그때 너 죽고 나 죽자는 동귀어진(同歸於盡)의 고사성어가 생각났다.

어느 비탈진 산을 개간하여 밭을 만들고 옥수수를 심었다. 하지만 옥수수가 제대로 성장하지 못했다. 날이 갈수록 비실비실하다가 죽었다. 토질은 그런대로 괜찮았으나 옥수수가 결실치 못해 안타까웠다. 그 원인을 몰라 더욱 그랬다.

하루는 옥수수를 심어 놓은 산전으로 올라가다가 미끄러졌다. 거기서 발버둥을 치다가 땅 밑에 큰 허공이 있다는 사실을 발견했다. 땅 밑을 자세히 살펴보았더니, 정말 기가 막힐 노릇이었다. 땅속에 큰 동굴이 있었으며, 산 위에서 아래까지 쭉 이어져 있었다. 그것도 줄줄이 몇 개가 있었다.

빗물이 땅속으로 스며들어 땅 아래 있는 토사가 흘러내려 동굴이 만들어진 듯했다. 지면만 번지르르한 옥토로 보였을 뿐, 땅속의 실상은 온통 허공이었다. 영양분을 섭취하지 못한 옥수수가 자라지 못한 것이 너무나 당연했다.

동굴 속을 자세히 살펴본 나는, 안타까운 마음과 아울러 분노를 느끼지 않을 수 없었다. 그런 악조건 속에서 옥수수는, 어떻게 하든지 결실하기 위해 뿌리를 뻗고 또 뻗어 내렸다. 그리 깊지 않은 표면의 땅을 최선을 다해 넝쿨손으로 움켜잡고, 옆으로 또 옆으로 뿌리를 뻗어 나갔던 것이다.

그러나 그 구멍이 너무 컸을 뿐만 아니라, 가끔씩 흘러내리는 급물살이 옥수수의 뿌리를 씻고 또 씻어, 아래로 또 아래로 끝없이 이어진 허공으로 자리를 옮겨 놓았다. 그래서 옥수수가 그토록 힘을 다해 뿌리를 내리고 뻗어 보았으나, 끝없는 허공 속으로 떠밀리고 또 떠밀려 말라 죽었던 것이다.

　옥수수는 자신을 위할 뿐만 아니라, 주인을 위해서도 끝까지 최선을 다했으나 결국은 죽어갈 수밖에 없었다. 한 많은 옥수수가 너무나 가엽고 애처로웠다. 지금의 내 모습처럼 보여 더욱 안타까웠다.

　산전을 내려온 나는 어떻게 하든지 땅속의 동굴을 깔아뭉개야 한다는 비상한 결심을 하고 웃옷을 벗어 던졌다. 그러자 옆에 있던 사람이 말했다.

　"여보게! 아무리 힘쓰고 애써도 옥수수가 결실하기에는 이미 늦었다네. 오히려 자네의 목숨만 위험할 뿐일세!"

　그러나 나는 옥수수의 결실보다도, 겉만 번지르르한 땅에 대한 배신감과 비정함, 그 속의 허공에 대한 분노가 더욱 컸던 바, 내 목숨도 바치겠다는 의지를 다졌다. 옥수수의 일생이 내 인생처럼 느껴졌기 때문이다. (2004. 8. 5)

307. 계산서

　일이 끝나 계산하고 4명이 함께 길을 떠났다. 1명은 다른 길을 택해 갔으나 3명은 같은 길을 갔다. 3명 가운데 리더는 '이익 도래'였으나 내가 먼저 앞으로 나아갔고, 내 뒤에 한 아이가, 그 뒤에 '이익 도래'가 따라왔다. 길을 가다가 보니 수시로 장애물이 나타나 내 뒤의 아이가 건너지 못했다. 그래서 아이를 도와주었다.

그런데 '이익 도래'는 계속 수심이 가득했다. 일을 마치고 계산한 돈 중에서 5,000원이 부족했던 것이다. 아무리 생각하고 맞춰보아도 그 차액을 찾을 수가 없었고, 계산을 했던 사람이 다른 길로 가서 확인할 수도 없었다.

그러다가 우리는 어느 주막에 도착하여 잠시 쉬어가려고 했다. 그때 '이익 도래'가 내게 물었다.

"집에서 여기까지 오는데 연료비가 얼마나 들지?"

"한 5,000원 정도."

"그래?"

그리고 '이익 도래'가 주막으로 들어가 토굴로 된 방문을 열었다. 주모가 비스듬히 누워서 TV를 보고 있었다. '이익 도래'가 무슨 주문을 했으나 주모는 별 무반응이었다.

그래서 우리는 심부름하는 아가씨에게 음식을 주문하여 먹었다. 그리고 영수중에 부족액 5,000원을 포함하여 계산서를 맞추려고 했다. 그러자 아가씨가 다음부터는 절대 그러지 말라고 일침을 주었다. (2004. 8. 6)

308. 묘지

매장지가 필요했으나 묘지로 쓸 만한 땅이 없었다. 그때 어떤 사람이 자기 산을 사용해도 좋다고 했다. 그래서 그 산등성이에 시신을 안장했다. 그곳은 전라도 지방의 어느 야산이었다.

그런데 막상 장례를 치르고 보니 장래가 불안했다. 그 산을 통째로 사든지, 아니면 분할하여 매수하든지, 소유자와 협의해야겠다는 생각이 들었다. 그래서 실제로 사용하는 묘지를 측량했더니, 2필 1단지에 2,100평이었다. (2004. 8. 7)

309. 본가

자매와 함께 본가를 방문했다. 나는 평상에 누워 있었고, 자매는 내 옆에 앉아 있었다. 그때 어머니가 본채 방으로 들어가면서 뭐라고 사인을 보내자, 자매가 아래채 방으로 들어갔다.

그때 자매의 옷을 보니, 아래는 두툼한 솜이 든 한복 바지였고, 위에는 병원에서 입는 환자복이었다. 의아하게 생각되어 아래채 방문을 열어보니 '동녘의 꽃'이 자고 있었고, 그 옆에 자매가 있었다.

그리고 본가의 뒤뜰을 돌아보니, 닭장 옆에 토종닭 무리가 있었다. 앞마당에도 그와 비슷한 무리의 닭이 있었다. 모든 닭이 윤기가 조르르 흐르고 건강하게 보였다. 그런데 전에 집을 둘러싸고 있던 담장이 철거되어 다소 허전한 느낌이 들었다. 하지만 한편으로 시원하기도 했다. (2004. 8. 9)

310. 화

'순한 여인'이 내게 무슨 보상을 요구하며 다그쳤다. 내 사정을 몰라주는 그녀가 너무 야속했다. 내 것을 다 가져가라고 하면서 화를 냈다. 그리고 모든 것을 내놓자 6할에서 7할 정도는 갚을 수 있을 것 같았다. 하지만 그 것도 지분이라 금방 갚을 수가 없었다.

그러자 '순한 여인'도 자신이 부득불 그럴 수밖에 없다는 사실을 털어놓았다. 하지만 나는 여전히 성질을 부렸다. 그녀 앞에 놓인 널빤지 위에 칼을 내리꽂으며 마음대로 하라고 했다. 적반하장이었다. (2004. 8. 10)

여호와의 구원을 조용히 기다리는 것이 좋다. (예레미야애가 3. 26)

311. 산

조급한 마음으로 산에 올라가 보니, 이방인들이 모여 사는 동네가 있었다. 이왕 여기까지 왔으니 끝까지 가보자고 하면서 나아갔더니 막다른 길이 나왔다. 주변에 집은 없고 전답과 무덤이 흩어져 있었다.

그곳을 뒤로하고 돌아 나오면서 잠시 쉴 만한 곳을 찾았다. '남은 규범'의 자취방을 소개받고 찾아가 보았더니, 아담하게 꾸며놓기는 했으나 공간이 좁아 더부살이하기에는 비좁았다. 그래서 아예 산동네를 내려왔다.

그리고 상당히 오래된 사찰로 올라갔다. 절 입구 주변에 고목이 즐비하게 서 있었다. 그중에서 다소 작아 보이는 한 과일나무에 올라가 가지를 흔들었더니 열매 하나가 떨어졌다. 그 열매를 주워 보니 열매 속에 또 3개의 열매가 있었다.

그런데 하나는 아예 쭉정이였고, 다른 하나는 알이 반쯤만 차 있었으며, 나머지 하나는 알이 꽉 차 있었다. 그래서 쭉정이는 멀리 던져버렸고, 부실한 것은 잠시 살펴보다가 내팽개쳤으며, 충실한 것 하나만 취했다. 그러자 그 열매가 어느새 수박만큼 크게 자라나 있었다. 그래서 나와 동행하는 자매에게 주었다.

그리고 사찰을 둘러보니 곳곳에 기도하는 처소가 있었다. 한 여인이 기도하다가 다시 자리를 잡는 모습이 보였다. 어떤 여인은 내게 사진을 찍어 달라고 부탁하여 그렇게 했다. 그 카메라는 5초마다 사진이 자동으로 찍히도록 조정되어 있었다. 본의 아니게 필름을 다 쓰고 말았다.

그리고 다시 밖으로 나왔다. 어느 강가에 누워서 앞산을 바라보았다. 그때 내 눈앞에 펼쳐진 3개의 봉우리가 정말 천하의 절경이었다. 기암괴석과 고목이 어우러져 마치 3개의 동양화 병풍을 보는 듯했다.

또 수십 개의 작은 봉우리가 조화를 이루는 가운데 가장 높이 솟은 봉우리는 구름을 뚫고 하늘에 닿은 듯했다. 세상에서 볼 수 없는 환상적 풍경이었다. 그런데 그 봉우리 뒤쪽에 고압선 철탑이 보여 옥에 티처럼 느껴졌다. (2004. 8. 12)

312. 예배

어느 예배당에 들어가 보니, 교인들은 의자에 앉아 기다리고 있었으나 예배를 위한 봉사자는 없었다. 분위기가 썰렁했으나 왼쪽 앞 좌석에 자리를 잡고 앉았다. 그런데 예배 시간이 되었음에도 예배를 위한 준비가 되지 않아 내가 직접 하기로 했다.

먼저 앞쪽에 있는 강대상을 정리하고, 전등 스위치를 올리려고 뒤쪽으로 갔다. 그런데 스위치 5개를 다 올렸으나 강대상 위에 불이 들어오지 않았다. 주변을 두리번거리고 있을 때, 교회 책임자로 보이는 여성이 2층에서 내려와 강대상 쪽으로 걸어가며 스위치가 아래쪽에 또 있음을 알려주었다. 그래서 살펴보니 아래쪽 안에 3개의 스위치가 더 있었다. 그것을 모두 올리자 그제야 강대상 위에 불이 환하게 들어왔다.

그리고 강대상에 올리는 음료수는 우유로 준비하여 갖다 놓았다. 그때 교역자로 보이는 여성과 목사님으로 보이는 남성이 도착했다. 그래서 저녁 예배는 여성 교역자에게 맡기고, 내일 아침 예배는 남성 목사님을 세우기로 했다.

이어서 자동차를 타고 어딘가 급히 달려가 보니, '동녘의 꽃' 가족이 거리에서 기다리고 있어 그들을 태우고 돌아왔다. 그리고 다시 차를 몰고 나갔다가 상당한 시간이 지나 돌아왔는데, 이번에는 '동녘의 미' 가족이 거리에서 기다리고 있어 그들도 태우고 돌아왔다. (2004. 8. 15. 주일)

313. 답사

투자자 몇 사람과 땅을 답사하려고 어느 강변을 걸어가고 있었다. 그때 마을 이장이 나와서 길을 가로막으며 말했다.

"보시다시피 길이 잠기고 있소. 건너갈 수가 없소."

그래서 앞을 보니, 과연 큰 물길이 밀려오고 있었으며, 길은 서서히 잠기고 있었다. 금방 물난리가 날 듯했다. 우리는 할 수 없이 오던 길로 되돌아가게 되었다. 그때 길옆에 그리 높지 않은 옹벽이 보였다. 자세히 보니 군데군데 턱이 만들어져 있었다. 사람들이 그 턱을 잡고 옹벽을 기어올라 건너편으로 넘어가는 지름길로 보였다.

어쩌면 누군가 암벽타기 훈련을 위해 만들어놓은 것 같기도 했다. 반신반의하며 그 턱을 잡아보았더니 옹벽이 송두리째 흔들거렸다. 매달리면 금방 앞으로 엎어질 듯했다. 결국은 길을 돌아갈 수밖에 없었다.

그리고 얼마쯤 가다가 산등성이에 이르렀다. 몇 개의 식당이 나란히 있었다. 그때 투자자 하나가 거기서 식사를 하자고 했다. 그래서 우리는 그가 잘 안다는 전라도 아줌마의 식당으로 갔다. 그때 누군가 말했다.

"저 사람은 꼭 전라도 아줌마의 식당만 간다니까!"

그렇게 들어간 식당에서 주인을 보니, 50대 후반이나 60을 약간 넘긴 듯이 보이는 다소 뚱뚱한 아줌마였다. 홀 서빙은 그녀의 딸 3명이 했다. 식사를 마치자 한 낯익은 신사가 들어왔다. '낮은 성공'이었다. 그가 우리 자리에 합석한 뒤, 나와 다른 한 사람이 자리에서 일어나 밖으로 나왔다.

그러자 주인아줌마와 그 딸들이 따라 나와 음식값을 내라고 했다. 얼마냐고 물었더니, 2만 5,000원이라 했다. 그래서 만 원짜리 3장을 주었더니 다시 2만 5,000원을 거슬러 주었다. 5만 원짜리로 착각한 듯해서 되돌려 주려다가 그냥 모른 체하고 받아버렸다.

그렇게 식당에서 나와 길거리로 갔더니 내 차가 보이지 않았다. '성실한 친구'에게 물어보니 그는 '밀양'으로 간다고 했다. 그에게 키를 주면서 우선 내 차를 찾아달라고 했다.

얼마 후 그가 주차장 안에서 내 차를 찾아 주었다. 우리는 다시 차를 타고 땅을 답사하려고 떠났다. 그 땅은 어느 산 위에 있었는데 520평 남짓 되었다. 다른 땅들은 100평 내지 200평 정도밖에 되지 않았다.

읍내에서 작은 모터가 달린 자전거를 타고 집으로 갔다. 그때 '큰 강철'이 내 등에 업혀 있었고, 한 손에는 화장품 2개와 전동 자전거를 조정하는 리모컨을 쥐고 있었다. 다른 한 손에는 핸드폰이 있었다.

날씨는 덥고 힘은 부쳐 어렵게 오르막길을 올라갔다. 내 등에 업힌 사람은 세상 모르게 잠들어 축 늘어져 있었다. 끈으로 묶어야 했다. 무슨 끈이 있는지 살펴보았으나 아무것도 없었다.

그래서 화장품 2개는 윗주머니에 넣고, 손으로 그의 엉덩이를 붙잡았다. 그러고 보니 리모컨은 어디서 놓쳐버렸는지 없었다. 다행히 핸드폰으로 자전거 조정이 가능하여 핸드폰을 사용했다.

그리고 얼마 후 언덕 위에 올랐다. 목적지인 우리 동네가 내려다보였다. 내리막길을 쏜살같이 내려가자 식당이 나왔다. 거기서 다시 식사하려고 멈추었다. 그제야 등에 업힌 친구가 내려왔다. 그런데 내리자마자 그의 모습은 보이지 않았다.

이상하게 생각하며 식당에 들어가자, 다른 한 사람이 뒤따라 들어왔다. 그런데 그는 '왕의 일'이었다. 그가 많은 물건을 힘겹게 안고 들어왔다. 그가 가지고 온 물건을 보니, 새끼줄 두루마리 3개, 포장용 붉은 끈 두루마리 2개, 노끈 두루마리 1개, 호박 1개였다.

그 호박은 달기가 꿀과 같은, 납작하고 둥글게 생겨 푸른 줄무늬가 있는, 탐스럽고 아담하게 생긴 단호박이었다. (2004. 8. 17)

314. 뱀 요리

자매가 길을 떠나며 뱀 3마리를 주었다. 그리고 서둘러 요리하라고 했다. 그러나 나는 식사 시간에 맞춰 조리할 생각으로 지체하고 있었다. 그런데 막상 이것저것 챙기다 보니 뱀을 조리할 시간이 없었다.

그래서 뱀은 그대로 두고, 다른 음식으로 '뿌리 찬양'과 '자식 찬양' 등 여러 사람에게 식사를 대접했다. 그러자 자매가, 비록 그 모습은 보이지 않았지만, 어디서 나를 책망하는 듯했다.

"그러니 바보야, 바보!"

"그래, 나는 바보야!"

아무튼 식사를 대접하고, 다소 시간이 나서 뱀을 요리하려고 했다. 그러나 어떻게 해야 할지 방법을 몰랐다. 먼저 뱀 아가리를 벌리고 독을 받은 다음, 대가리를 자르고 껍질을 벗긴 뒤, 내장을 제거하고 몸통을 난도질하여, 다른 고기와 섞어 조리하려고 했다.

그래서 냉동실을 열어보니, 이미 다른 뱀의 독을 받아 얼려놓은 종지가 있었다. 그 종지에 뱀 대가리 2개도 있었다. 이후에도 잡다한 이야기가 이

어졌으나 기억을 되살릴 수 없다. (2004. 8. 19)

315. 관문

    내가 온 세상을 다스리는 대통령 후보가 되었다. 후보는 나 외에 1명이 더 있었다. 7관문을 통과하는 테스트에서 최종 승리하는 사람이 대통령으로 선택되었다.

    첫째 관문은 자기 자신의 핸디캡을 파악하여 세부적으로 분석한 뒤, 그 단점을 치유할 대책을 세우고, 장애를 극복할 구체적 방안을 제시하는 것이었다. 나는 컴퓨터와 첨단 장비를 동원하여 나의 과거와 현재, 미래에 관한 자료를 수집하여 첫째 관문으로 질주했다. 사력을 다해 험한 오르막길을 달려갔다. 그래서 다른 후보보다 먼저 목적지에 도착했다.

    그때 나는 조급한 나머지, 차를 제대로 세우지 않고 건물 안으로 들어갔다. 세워둔 차가 뒤로 미끄러지기 시작했다. 다시 나가 차 있는 곳으로 갔다. 다행히 차는 아래쪽 건물 입구에 멈춰 서 있었다. 그사이에 다른 후보가 도착하여 위쪽 건물로 들어가는 모습이 보였다.

    한숨 돌리고 다시 건물 안으로 들어가 보고서를 작성하기 시작했다. 너무 서두른 나머지 수집한 자료를 하나 빠뜨리고 왔음이 발견되었다. 황당하여 어찌할 바를 몰랐다. 더욱이 내가 들어간 건물은 사무실이 아니라 화장실이었다. 보고서는 고사하고 똥통 속의 구더기만 보고 나왔다.

그리고 둘째 관문의 테스트가 있었다. 다른 후보보다 빨리 가서 역전해야 한다는 생각이 앞섰다. 그래서 첫째 관문을 포기하고 급히 그곳을 빠져나왔다. 그런데 누군가 내 차 바퀴에 쇠사슬을 걸고 자물쇠를 채워놓았다. 소리를 지르자 어떤 사람이 와서 열쇠를 건네주었다. 자물쇠를 풀고 서둘러 달리기 시작했다.

그리고 보니 내 차가 섰던 곳이 가파른 언덕이었다. 미끄러짐을 방지하기 위해 누군가 자물쇠를 채워놓은 것으로 보였다. 그에게 오히려 감사한 마음이 들었다. 그러나 나는 여전히 조급하게 서둘고 있었다. 그에게 한마디 인사도 없이, 그가 누구인지 알아보지도 않고, 그냥 그곳을 홀연히 빠져나왔다.

둘째 관문을 향해 질주했다. 먼저 길보다 좁고 가파른 언덕이 나타났다. 자동차가 올라갈 수 없었다. 부득이 차를 세워두고 걸어서 올라갔다. 어렵게 언덕 위에 올라가 보니, 바로 옆에 내가 태어난 고향 집이 있었다.

내가 가고 있는 길은 어릴 때 다니던 익숙한 길이었다. 그때 뒤를 돌아보니, 저 멀리 아래쪽에 상대방 후보가 걸어오고 있었다. 그는 첫째 관문의 보고서를 작성하여 다소 여유가 있었으나, 투덜거리기도 했다.

"그런데 이놈의 길은 왜 이렇게 험해!"

얼마 후 상대방 후보가 나를 앞질러 지나갔다. 그는 보고서가 든 두툼한 서류철을 옆에 끼고 의기양양하게 걸어갔다. 나는 빈손으로 의기소침하여 그 뒤를 따랐다. 내 모습이 너무 초라해보였다. 그래서 나는 더욱 초조함을 느꼈으며, 그 뒤를 놓치지 않으려고 기를 쓰고 따라갔다.

그런데 가다가 또 낭패가 생겼다. 길옆에 있던 가시나무에 옷이 걸려 한 발자국도 나아갈 수 없었다. 나는 짜증을 내면서 신경질적으로 가시나무를 뿌리쳤다. 그리고 앞으로 가려고 몸부림쳤다. 그러자 내가 입고 있던 잠바의 팔꿈치가 찢어졌다.

그때 내 머리를 스치는 감동이 있었다. 그래서 그 자리에 멈춰 섰다.

"그래, 내가 이러는 게 아니야. 이제까지 살아오면서 숱하게 경험했지 않은가? 내 앞에 어려움이 있고 장애물이 있을 때는, 반드시 하나님의 뜻이 있었어. 그렇다면 분명히 여기서도, 하나님의 뜻이 있을 거야. 내가 욕심에 사로잡혀 앞으로만 가려고 했던 거야. 그래, 7관문 중에서 이제 1관문을 지났을 뿐이야. 1관문에 실패했다고 해서 모든 것이 끝난 게 아니야. 여기는 우리 집이 있는 홈그라운드야. 집에 들어가 2관문의 보고서를 작성하면서, 1관문의 보고서까지 만들면 상대방 후보를 앞설 수도 있어. 그래, 이제까지 그 숱한 난관 속에서도 하나님의 뜻이 있었어. '섭리에 순응하자!'고 하면서 정녕 실천하지는 못했어."

그리고 기도하기 시작했다.

"오, 주여! 이 부족한 종이 이제껏 살아오면서, 그토록 체험한 주님의 뜻을 아직도 깨닫지 못하고 불순종하고 있습니다. 이 어리석은 종을 용서해 주십시오. 이 미련한 종에게 지혜를 주십시오. 하나님의 뜻이 무엇이며, 어디에 있는지 깨닫게 해주십시오. 그리고 그 뜻을 이룰 수 있도록 믿음을 주십시오. 이 부족한 종을 긍휼히 여겨주십시오. 이제 조급해하거나 서두르지 않도록 도와주십시오. 더 이상 낭패를 당하지 않게 보살펴 주십시오. 예수 그리스도의 이름으로 기도합니다. 아멘."

새벽기도 중에 잠시 눈을 붙였는가 싶더니 다시 환상이 보였다. 어느 길거리에 나갔더니 '윤택한 아들'이 자전거를 타고 버스정류장 앞에 서 있었다. 인사하고 버스를 타려고 했더니 버스가 막 출발했다. 급한 나머지 이미 닫힌 문을 두드려 가까스로 어떤 자매와 함께 버스를 탔다.

그렇게 버스를 타고 보니 만원이었다. 나는 짚고 있는 지팡이를 버스 천장에 매달린 손잡이에 걸었다. 그리고 왼편을 보니, 양다리가 불편한 아가씨가 앉았다가 일어나면서 어떤 아저씨와 말다툼을 했다.

그 아저씨는 양발에 장애가 있는 듯 신문지를 바닥에 깔고 맨발로 서 있었는데 발가락이 이상했다. 그리고 오른편에 다른 장애를 가진 아가씨 하나가 비스듬히 자리에 앉아 있었다.

얼마 후 나는 버스에서 내렸다. 어떤 누각 난간에 서서 넓은 산야를 바라보고 있었다. 그때 산 아래쪽에서 흰 비둘기 한 마리가 나를 향해 날아왔다. 이어서 회색 점박이 비둘기가 날아왔다.

그래서 다음에는 당연히 검은 비둘기가 날아오겠지 하고 바라보았더니, 뜻밖에도 흰 비둘기가 날아왔다. 이어서 4번째 비둘기도, 5번째 비둘기도, 계속 흰 비둘기가 날아왔다. (2004. 8. 20)

316. 족제비

무슨 사유로 이사하게 되었다. 책상을 정리하고 서류를 챙긴 뒤 떠나려고 하다가, 마지막으로 다시 한 번 둘러보았다. 언젠가 처박아 두었던 지역 신문 1부가 눈에 띄었다. 물에 젖었다가 마른 듯 쭈글쭈글했다. 그냥 버릴까 하다가 혹시나 하고 펼쳐 보았다.

아니나 다를까, 그 사이에 꽤 큰돈이 든 봉투가 2개 들어 있었다. 무슨 돈인가 생각해 보았으나 전혀 기억이 나지 않았다. 어쩌면 누가 뇌물을 주려다가 실패한 것인지도 모른다는 생각이 들었다. 그래서 누가 볼 새라 얼른 챙겨 밖으로 나왔다.

얼마 후 나는 어느 자동차 위에 누워서 쉬고 있었다. 얼마의 시간이 지났는지 눈을 떠보니 하얀 눈이 내렸다. 그리 큰 눈은 아니었으나 사방이 온통 하얗게 바뀌어 있었다.

그때 미리 약속이라도 한 듯이, 자동차 주인이 어떤 사람을 데리고 와서 모셔다 드린다고 했다. 자동차 주인이 무슨 사업을 하고 있었는데, 너무 귀한 손님이라 최선을 다해 대접하려는 듯했다.

그 모습을 지켜보다가 맞은편에 세워둔 내 차로 갔다. 이삿짐이 그대로 실려 있었다. 어디 가서 짐을 풀만 한 곳이 없었기 때문이다.

얼마 후 하늘에서 갑자기 그물이 내려오더니 무슨 짐승 한 마리를 덮쳤다. 느닷없이 그물에 걸린 짐승이 요동을 쳤다. 가까이 가서 보니 족제비였다. 그리고 하늘에서 소리가 있어 들어보니 이런 명령이었다.

"족제비 한 마리가 더 있으니, 그놈도 마저 잡아야 한다!"

그래서 옆으로 난 오솔길을 살펴보았더니, 그물에 갇힌 족제비와 똑같은 짐승이 있었다. 거물에 걸린 족제비의 짝으로 보였다. 그때 어떤 사람이 그 족제비를 잡으려고 시도했으나, 쏜살같이 아파트 지하실로 들어가 놓치고 말았다. (2004. 8. 23)

검은 말을 탄 기사 2명이 경주하고 있었다. 먼저 한 기사가 여유 있게 도착했다. 그러나 다른 기사는 예정된 시간이 지났음에도 도착하지 않았다. 그때 도착하지 않은 기사가 탔던 말이 헐레벌떡 달려와 내 품에 안겼다. 나는 심판하는 위치에 있었던 바 어리둥절했으나, 그리 낯선 느낌이 아니었다.

그리고 이어서 검은 옷을 입고 검정 투구를 쓴 기사가 얼룩송아지 한 마리를 안고 나타나 말했다.

"말을 타고 달리다 보니, 이 송아지가 늪에 빠져 허우적거리기에 구조해서 오느라고 늦었습니다. 인정해 주시겠습니까?"

그러자 둘러앉은 심판원들이 모두 찬성표를 던졌다. 그래서 나도 그가 조금 늦게 도착하기는 했으나 불가피한 사정이 있었던 만큼, 제시간에 맞춰 도착한 것으로 간주하려고 했다. 그때 먼저 도착한 기사가 이의를 제기했다.

"모든 경기는 규칙이 있기 마련이고, 그에 따라 엄격한 심판이 내려져야 합니다. 이런저런 사정을 모두 인정할 경우, 경기 자체가 무의미해집니다. 승부의 세계는 냉정한 것입니다. 이런 심판은 있을 수 없습니다. 마땅히 재심해야 하며, 그는 실격되어야 합니다."

그 말도 일리가 있었다. 갑자기 심판원들이 술렁거리기 시작했다. 더욱이 먼저 도착한 기사는 다방면에 걸쳐 상당한 영향력을 가지고 있었다. 그래서 그 신청을 받아들여 재심하게 되었다.

재심한 결과 심판원 8명 가운데 5명의 생각이 바뀌었다. 나를 포함한 3

명만이 그대로 찬성표를 던졌다. 그래서 심판이 뒤집힌 줄로 알았다. 그런데 심판원들의 판단이 의외였다. 찬성을 철회한 5명이 모두 중립에다 동그라미를 쳤던 것이다. 반대는 마이너스 1점, 중립은 0점, 찬성은 플러스 1점으로 계산한 결과, 플러스 3점이 나왔다.

그래서 내가 재심을 신청한 기사에게 물었다.

"재심 결과 플러스 3점으로 나왔으니, 이 심판을 그대로 인정하시겠습니까?"

그러자 그가 순순히 대답했다.

"이 또한 규칙이니, 플러스로 나타난 결과를 수용하고 그대로 인정하겠습니다." (2004. 8. 26)

318. 노바의 집

보직 변경에 따른 대책 회의가 열렸다. 하지만 나는 앉을 자리가 없어 통로에서 서성거렸다. 그때 테이블 하나에 아가씨 4명이 양쪽으로 2명씩 앉아 있었다. 그래서 양해를 구하고 그들 옆에 앉았다. 그러자 오른쪽 의자에 아가씨 3명이 앉았고, 왼편 의자에 아가씨 1명과 청년 1명, 그리고 내가 앉았다.

그런데 청년 옆에 앉은 아가씨를 보니, 다리가 대각선 방향, 곧 내 맞은편에 있었다. 몸만 내가 앉은 의자의 왼쪽, 곧 청년 옆에 있기로 의아했다. 그때 한 아가씨가 공문을 들고 와서 참석자 체크를 하다가 내 이름을 부른 뒤 말했다.

"형제님은 여기가 아니라, '노바(nova)의 집'으로 되어 있네요."

그러면서도 이상하다는 듯이 고개를 갸우뚱거리며 다시 한 번 확인했다. 나도 이상해서 물어보았다.

"'노바의 집'은 어디에 있으며, 무엇을 하는 곳인데요?"

"그 집은 신성(新星) 그룹 홈(group home)으로 여기서 한참 떨어져 있어요."

그래서 나는 거기서 나와 '노바의 집'을 찾아갔다. 얼마 후 '노바의 집'에 도착했다. 대로변에 있는 4층 건물로 다소 낡기는 했으나 네모반듯하게 지어졌다. 안에 들어가 보니, 사무실 정리와 자리 배치 문제로 어수선했다. 책상과 비품 등 집기는 모두 오래되어 녹슬어 있었고, 군데군데 거미줄까지 처져 있었다.

그들 가운데 '이제 귀의'라는 팀장도 낡은 철제 책상을 들고 구석에 자리 잡는 모습이 보였다. 그는 그마저 다른 사람에게 빼앗길 새라 굳게 붙잡고 있었다. 다른 쪽에 가보니 다른 팀장들도 낡은 책상 하나씩을 잡고 구석에 앉아 있는 모습이 보였다. 그들 팀장 외에 일반 직원은 가운데 빙 둘러앉도록 책상이 배치되었다.

그 모습을 보는 순간, 적어도 팀장의 책상만은 양측으로 바꿔주고 싶었다. 그리고 사무실도 전산부서와 행정부서는 칸막이로 구분해주고 싶었으며, 그들의 자리도 효율적으로 배치했으면 하는 생각이 들었다. 하지만 그럴 만한 권한이 내게 있는지 의심스러웠다.

얼마 후 '노바의 집'에서 직원 회의가 열렸다. 회의에 참석해보니 '병든 임금'이라는 사람이 원장 자리에 앉아 회의를 주재했다. 그때가 이미 점심시간이라 모두 간단히 끝내주기를 바라는 눈치였다. 그러나 그는 회의라기보다 강의를 했다. 빨리 끝낼 기색이 없어 보였다. 그러자 '마지막 섭리'라는 팀장이 참다못해 한마디 했다.

"이게 뭐야?"

그리고 맨 말석에 앉은 나를 보고 말했다.

"임 선생님은 비록 중요한 직책을 맡지는 않았으나, 중진으로 예우해야 마땅하니 앞자리로 나오세요!"

그러자 원장도 동의하고 나를 불러 앞으로 나오라고 했다. 그래서 나는 앞으로 나가고, 원장은 아래로 내려와 한참 귀엣말을 나누었다. 그리고 일어나 보니, 모두가 맛있게 점심을 먹고 있었다. 원장과 나는 밖으로 나가 식당을 향해 걸어가고 있었다. 그때 원장이 말했다.

"여기까지 온 김에 과장을 꼭 만나 보고 가야겠어."

그가 말한 과장은 복지 시설을 관리, 감독하는 정부 기관의 책임자였다.

(2004. 8. 28)

319. 상가

상가와 교환할 땅을 보러 갔다. 상가는 분양가 2억에 1억의 융자가 있어 1억 원이었고, 땅은 400평으로 평당 20만 원씩 8,000만 원이라 했다. 현지를 방문하여 안내를 받아보니, 아파트 단지 뒤쪽 구석에 무허가 판잣집 식당이 있는 길쭉한 땅이었다. 그대로 믿고 등기 신청까지 마쳤다.

그리고 상경하려고 했더니, 내 차가 보이지 않았다. 주차원에게 부탁하여 차 있는 곳을 안내받았다. 앞 차를 뺀 후 내 차를 빼려고 보니, 계단 난간에 아슬아슬하게 걸쳐져 있었다. 한마디 하고 조심스럽게 차를 빼 곧바로 달리기 시작했다.

그런데 조금 가다가 보니, 기아 변속기의 나사가 풀려 차가 나가질 않았다. 차를 정비소로 옮긴 뒤, 다소 시간이 나서 땅 서류를 살펴보았다. 먼저 등기부 등본을 보니 어처구니가 없었다. 그 땅은 5명의 공유 지분으로 되어 있었을 뿐만 아니라, 전체가 150평에 불과했다. 더욱이 무허가 식당이 있는 밭이 아니라, 산 중턱에 있는 돌산이었다.

나와 계약한 사람은 등기부 등본 맨 처음에 등재된 도봉란(都奉欄)이었고, 그의 지분은 30평이었다. 그제야 속았다는 사실을 알고 부랴부랴 중개업소를 찾아갔다. 그리고 계약을 취소해 달라고 했다.

그러자 중개업소 대표는 즉시 그렇게 하겠다고 대답했고, 중개보조원으로 보이는 여직원은 서둘러 등기부터 취소하겠다고 했다. 그런데 벌써 테이블 위에 내 명의로 된 등기필증이 나와 있었다.

등기필증을 보고 여직원은 어찌할 바를 몰라 당황했다. 어처구니가 없어 다시 한 번 그 땅을 둘러보면서 중얼거렸다.

"세상에 어찌 이럴 수가? 30평 지분자가 400평이라 속이고, 평당 5만 원짜리를 20만 원이라 속이다니."

그때 옆에 있던 '긍정 선택'이 말했다.

"이 사람아! 그 땅 5만 원에 살 수 없어. 평당 15만 원은 될 거야!"

"15만 원이라 한들 얼마나 되나?"

"2,250만 원은 되잖아!"

"2,250만 원?"

그리고 보니 2,250만 원은 내가 실제로 상가를 인수한 금액이었다. 등기

비용 250만 원을 합해 총 2,500만 원이 들었다. 하자는 은행융자 9,500만 원과 임대차보증금 500만 원을 합한 1억 원이었다.

다행히 이건 꿈이었다. 이번 일도 내 자업자득이란 말인가? 매주 첫날 새벽마다 특별히 계시하시는 하나님께서 오늘도 이 환상을 보여 주셨다. 이것이 이번 주간에 어떤 모습으로 나타날지 걱정되었다.

내 시련은 아직도 끝나지 않은 모양이다. 하지만 어찌하겠는가? 비록 내 잘못으로 주어지는 주님의 징계라도, 내 스스로 어찌할 수가 없으니!

(2004. 8. 29. 주일)

320. 무덤

새벽에 일어나 꿇어 엎드려 기도했다.

"아버지 하나님이시여, 이제 이 못난 아들의 빚을 갚아 주소서. 갚아 주소서. 갚아 주소서. 빚을 갚아 주시지 않음은 아직도 때가 되지 않았기 때문인가요? 제가 거듭나지 않았기 때문인가요?

아버지 하나님이시여, 이제 빚을 갚아 주소서. 모든 것을 정리하고, 제 여생을 주님께 바치겠습니다. 비록 단 1명이든, 10명이든, 아니면 수십 억 명이든, 그건 제가 알 바 아닙니다. 다만 주님의 뜻에 따라 주님의 노예로 살겠습니다.

하나님 아버지이시여, 저를 도와주십시오. 비록 비천한 아들이지만, 제 마음만은 아시지요. 부디 살펴 주십시오. 살펴 주십시오. 주십시오. 주십시오. … "

그러다가 피곤하여 그대로 눈을 감았더니 즉시 환상이 보였다. 언젠가 보았던 환상과 비슷했다. 내가 누워 있는 바로 코앞에 아치형의 흙벽이 보였다. 어릴 때 보았던 기와 공장의 가마 속 같았다.

어쩌면 무덤 속에 누워 있는 듯했다. 꼼짝달싹 못하고 흙벽만 바라보았다. 흙벽의 흙이 말라 군데군데 틈새가 생기기는 했으나, 그것은 진흙을 개어 바른 표면에 불과하다는 사실을 알고 있었다. 토굴의 생김새로 보아 외부와의 연락은 사실상 불가능했다.

얼마 후 바로 앞 틈새에서 아주 연하고 가느다란 순이 나오더니 점점 자라기 시작했다. 조금씩 자라기는 했으나 약하고 가늘었으며, 투명한 모습으로 성장했다. 마치 거미줄에 먼지가 앉은 듯했고, 너무 미세하여 숨소리에도 한들거렸다.

그러나 그 순의 생명은 강하기가 한이 없어 조금도 상하거나 죽지 않을 듯했다. 그렇게 한 뼘쯤 자라더니, 그 속에서 무슨 물질이 밀려 나왔다. 속이 포장되어 안은 볼 수가 없었으나, 처음 나온 것은 다소 굵고 둥글었으며, 나중 나온 것은 네모나고 팔뚝만 했다. 미끈미끈한 액체가 묻어 있어 빠져나오기가 수월해 보였다.

그것은 무슨 짐승이 새끼를 낳는 모습과 흡사했다. 이어서 3개가 더 나오더니 멈추었다. 그래서 모두 4개가 되었다. 그리고 그 자리가 오므라들어 처음같이 연한 잎만 하늘거렸다.

그리고 다른 환상이 보였다. 황량한 산마루의 화산 분화구 같은 곳에서, 어떤 사람이 이리 왔다 저리 갔다 하면서 우왕좌왕하고 있었다. 그는 희미한 전등을 손에 들고 이리저리 비추며 무엇인가 찾는 듯했다.

어쩌면 누군가 자기를 도와주기를 바라는 것 같았고, 아니면 아래쪽으로 내려가는 길을 찾는 것 같기도 했다. 사실 그는 산 아래에서 누군가 올라와 자기를 도와주기를 바라며 계속 플래시를 비추었다. 그는 갈 길을 잃고 헤매는 못난 선비로 보였다. (2004. 8. 30)

321. 누룽지

어느 집회 성가대원으로 참석하여 2번째 줄 앞쪽에 서 있었다. 내가 선 줄의 인원이 다른 줄보다 많아 자리가 비좁았다. 그래서 옆을 보니 '원래 필수'가 좁은 자리에 끼어 있었다.

"너 베이스 맞아?"

"그래, 나도 베이스야. 그냥 이렇게 서서 하지 뭐."

그래서 서로 자리를 조금씩 양보하여 찬양을 마쳤다. 그리고 운동장으로 나오며 그가 말했다.

"성가대원도 9시 요원이 있고 11시 요원이 있어."

그리고 보니 나는 9시 요원이었다. 그때까지 나는 9시 집회가 있는 줄도 몰랐다.

어느 숲속에 있는 통나무주택에서 식사를 마쳤다. 그리고 문밖에서 서성거리고 있었더니, 안에서 사람들이 누룽지를 맛있게 먹는 모습이 보였다. 나도 누룽지를 먹고 싶은 충동이 생겨 안으로 들어갔다.

부엌으로 가는 도중에 갑자기 땅이 꺼지고 주위가 어두워지는 등 분위기가 심상치 않았다. 어렵게 부엌까지 가 보니, 바닥이 푹푹 꺼지고 있었다. 가까스로 건너가 가마솥을 보았더니, 아직도 구수한 누룽지가 남아 있었다.

그러나 분위기가 너무 썰렁하고 위험하여 밖으로 나왔다. 아니나 다를까, 그 사이에 모든 사람이 그 집을 빠져나가고 없었다. 관리자로 보이는 사람이 출입문을 막 닫고 있었다.

"아저씨, 잠깐만요!"

그렇게 가까스로 대문 밖으로 나가자, 나무 창살로 된 문이 굳게 닫혔다. 그리고 옆으로 빠져나가는 오솔길의 샛문도 창살이 밀려와 "쿵!" 하고 가로막혀 버렸다. 그래서 나는 나무로 얽히고설킨 좁은 길을 따라 나갈 수밖에 없었다.

그 길은 마치 정글 속에 만들어진 구름다리 같았다. 곳곳에 장애물이 있어 요리조리 몸을 옮겨 빠져나갈 수밖에 없었다. 여러 장애물을 넘어 마지막 통로를 나가니 계곡 옆으로 길이 보였다.

거기서 한숨 돌리려고 했더니, 바로 앞에서 주정뱅이가 사람들에게 시비를 걸었다. 그는 한손에 술병을 들고 세상을 욕하고 있었다. 그의 눈동자가 사납게 빛났다. 세상 모든 사람이 자신의 적인 냥 무턱대고 행패를 부릴 기세였다. 어떻게 하든지 그곳을 피하려고 했지만 장애가 부담으로 다가왔다.

그때 그가 내게 다가와 욕설을 퍼부으며 발길질을 했다. 순간적으로 그의 발을 잡고 비틀어 옆에 있는 웅덩이로 처박아 버렸다. 그리고 가능한 빠른 걸음으로 앞으로 나아갔다. 가면서도 그가 뒤따라올 것이 두려워 은신처를 찾아보았다. 마침 길옆에 사람 하나가 겨우 들어갈 만한 바위틈이 있어 거기 숨었다.

그 주정뱅이가 다가오면 낭떠러지 아래로 밀쳐버릴 작정이었다. 그 길은 왼쪽이 암벽이었고 오른쪽이 계곡이었다. 그 아래 강물이 흐르고 있었다. 그 밑으로 떨어지면 더 이상 따라오지 못할 것으로 생각되었다. 하지만 그 주정뱅이는 따라오지 않았다. 아예 포기한 듯했다. (2004. 8. 31)

- 이어서 『예스 3, 밀알의 소명』이 계속됩니다. -

케이스 1,

휴먼 드라마

제1편 **인간 이야기**

제2편 **모정의 세월**

제3편 **숙고의 시간**

제4편 애증의 물결

제5편 무지개 은혜